PENGUIN POPULAR REFERENCE

TURKISH PHRASE BOOK

D1434240

Turkish Phrase Book

Selçuk Selim and Jillian Norman .

PENGUIN BOOKS

Published by the Penguin Group
Penguin Books Ltd, 27 Wrights Lane, London w8 5TZ, England
Penguin Putnam Inc., 375 Hudson Street, New York, New York 10014, USA
Penguin Books Australia Ltd, Ringwood, Victoria, Australia
Penguin Books Canada Ltd, 10 Alcorn Avenue, Toronto, Ontario, Canada M4V 3B2
Penguin Books (NZ) Ltd, Private Bag 102902, NSMC, Auckland, New Zealand

Penguin Books Ltd, Registered Offices: Harmondsworth, Middlesex, England

First published 1973
10 9 8 7 6 5 4 3

Copyright © Jillian Norman and Selçuk Selim, 1973
All rights reserved

Printed in England by Cox & Wyman Ltd, Reading, Berkshire

Except in the United States of America, this book is sold subject
to the condition that it shall not, by way of trade or otherwise, be lent,
re-sold, hired out, or otherwise circulated without the publisher's
prior consent in any form of binding or cover other than that in
which it is published and without a similar condition including this
condition being imposed on the subsequent purchaser

CONTENTS

Introduction 7

Turkish pronunciation 9

Essential grammar 12

First things 24
Essentials 24
Questions and requests 24
Useful statements 25
Language problems 26
Polite phrases 26
Greetings and hospitality 27

Signs and public notices 30
Some useful abbreviations 32

Money 33
Currency table 33

Travel 34
On arrival 34
Buying a ticket 35
Signs to look for at stations 36
By train 37
By air 39
By ship 40
By bus or coach 41
By taxi 42

Directions 43
Motoring 44
Road signs 45
At the garage 46
Repairs 47
Parts of a car – vocabulary 49
Tyre pressure 54

Accommodation 55
Booking a room 55
In your room 57
At the reception desk 59
Departure 60

Restaurant 61
Going to a restaurant 61
Ordering 62
Drinks 63
Paying 64
Breakfast 64
Restaurant vocabulary 65

The menu 69

Shopping 84
Where to go 84
In the shop 85
Choosing 86
Complaints 87
Paying 87

Clothes and shoes 88
Clothing sizes 89
Chemist 91
Toilet requisites 91
Photography 92
Food 93
Tobacconist 94
*Newspapers, books, writing
    materials* 95
Laundry, cleaning and mending 95
Repairs 96
Watch/Jewellery 97

Barber and hairdresser 98

Post office 99
Letters and telegrams 99
Telephoning 100

Sightseeing 101

Entertainment 104

Sports and games 105

On the beach 106

Camping and walking 108

At the doctor's 110

At the dentist's 115

Problems and accidents 116

Time and dates 118

Public holidays 121

Numbers 122

Weights and measures 124

Vocabulary 128

INTRODUCTION

In this series of phrase books only those words and phrases that are essential to the traveller have been included. For easy reference the phrases are divided into several sections, each one dealing with a different situation. Some of the Turkish phrases are marked with an asterisk – these attempt to give an indication of the kind of reply you may get to your questions.

At the end of the book is an extensive vocabulary list and here a pronunciation guide is given for each word. In addition there is an explanation of Turkish pronunciation at the beginning of the book and a brief survey of the essential points of grammar. It would be advisable to read these sections before starting to use the book.

TURKISH PRONUNCIATION

The pronunciation guide is intended for people with no knowledge of Turkish. As far as possible the system is based on English pronunciation. This means that complete accuracy may sometimes be lost for the sake of simplicity, but the reader should be able to understand Turkish pronunciation, and make himself understood, if he reads this section carefully. In addition each word in the vocabulary is given with pronunciation guide.

Vowels

Turkish vowels are pronounced clearly and each vowel has only one sound.

a	as a in apple	symbol **a**	baba – father (ba-ba)
e	as e in end	symbol **e**	ender – rare (en-der)
ı	ı written without the dot; not an English sound, but it is something like the sound in **bl** in rubble or **e** in wanted	symbol **y,bl,kl**	çakıl – pebble (chuk-kle)
i	as i in bill	symbol **i,ee**	iki – two (iki)
o	as o in open	symbol **o**	oda – room (oda)
ö	not an English sound, but something like **u** in churn	symbol **ur**	çöl – desert (churl)

u	as u in pull	symbol **u,oo**	pul – stamp (pul)
ü	not an English sound, but like u in French tu; say **ee** with the lips pushed forward and rounded as for **oo**	symbol **ü**	müze – museum (mü-ze)
â	occurs rarely and is pronounced as **ia** in tiara	symbol **ia**	kâr – profit (ki-arr)

Consonants

b, d, f, k, l, m, n, p, r, s, t, v, z are pronounced as in English.

c	as **j** in jam	symbol **j**	cam – glass (jam)
ç	as **ch** in church	symbol **ch**	çay – tea (chy)
g	as **g** in gas	symbol **g**	göz – eye (gurz)
ğ	not an English sound; it is very soft, almost silent, and serves to lengthen the vowel it follows; similar to **gh** in weight	symbol **gh**	yoğurt – yogurt (yo-ghurt)
h	is always pronounced	symbol **h**	hava – air (ha-va)

j	is found in some foreign words and pronounced as **s** in pleasure	symbol **j**	jeoloji – geology (je-ol-o-jee)
ş	as **sh** in shall	symbol **sh**	şarap – wine (sha-rap)
y	as **y** in yes	symbol **y**	yeni – new (ye-ni)

The Turkish language is phonetic. All letters are fully and clearly pronounced. There are no sound distortions, silent letters, omissions or nasals.

The main feature of Turkish is the rule of sound harmony of vowels. Vowels are classified in two groups, as 'thick' – **a, ı, o, u,** and 'thin' – **e, i, ö, ü.** Usually a word may contain either thick or thin vowels, but not both. So if the first vowel in a word is thick, the vowels following must be thick to be in harmony, and vice versa.

Syllables have more or less equal value; try to pronounce each syllable with equal stress.

ESSENTIAL GRAMMAR

GENDER

Nouns, pronouns, articles and adjectives have no gender in Turkish.

DEFINITE ARTICLE

There is no definite article in Turkish. If the noun is put in the objective case, the object it represents is made definite. The suffixes ı, i, u, ü, denote the objective case, and could be said to be the equivalent of English 'the'. The ending changes according to the rule of sound harmony:

ev – house; evi – the house
araba – car; arabayı – the car (note: y is inserted to ease pronunciation).

INDEFINITE ARTICLE

bir – one, a, an
bir ev – a house; bir elma – an apple

QUANTITATIVE ARTICLE

biraz, birkaç – some, a little. It is used in the singular only, and so is the noun it qualifies. biraz su – some water; biraz ekmek – some bread; birkaç ev – a few houses.
If a number is followed by a noun, the noun remains in the singular
bir elma – one apple; yedi elma – seven apples

NOUNS

The plural is formed by adding -lar or -ler to the end of the noun according to the sound harmony rule:

otel – ote**ll**er hotel – hotels
oda – oda**l**ar room – rooms

Nouns have one regular and invariable declension; the suffixes denoting case endings change only to follow the principles of sound harmony:

	ev – house	oda – room
nominative (subject)	ev	oda
possessive (of)	ev**in**	oda**nın**
dative (to)	ev**e**	oda**ya**
objective (object)	ev**i**	oda**yı**
locative (at, in, on)	ev**de**	oda**da**
ablative (from)	ev**den**	oda**dan**

The plural ending precedes any other suffix:

evler – houses;   evlere – to the houses
adamlar – men;   adamlardan – from the men
oteller – hotels;   otellerde – at/in the hotels
odalar – rooms;   odaların – of the rooms

POSSESSIVE SUFFIXES

singular

first person   -m, -ım, -im, -um, -üm
   pasaportum – my passport
   arkadaşlarım – my friends
second person   -n, -ın, -in, -un, -ün
   otomobilin – your car
   evlerin – your houses
third person   -ı, -i, -sı, -si, -u, -ü
   şapkası – his/her hat
   çantaları – his/her bags

plural

first person	**-mız, -miz, -muz, -müz**

   otomobilimiz – our car

   evlerimiz – our houses

second person	**-ınız, -iniz, -unuz, -ünüz**

   valiziniz – your luggage

   elmarınız – your apples

third person	**-ları, -leri**

   odaları – their room/their-rooms

   evleri – their house/their houses

PERSONAL PRONOUNS

nominative (subject)

I	ben		
you	sen		
he, she, it	o		
we	biz		
you	siz		
they	onlar		

possessive

my, mine	benim
your, yours,	senin
his, her, hers, its	onun
our, ours	bizim
your, yours	sizin
their, theirs	onların

dative

to me	bana
to you	sana
to him, her, it	ona
to us	bize
to you	size
to them	onlara

objective (object)

me	beni
you	seni
him, her, it	onu
us	bizi
you	sizi
them	onları

locative		*ablative*	
with me/on me	bende	from me	benden
with you	sende	from you	senden
with him, her, it	onda	from him, her, it	ondan
with us	bizde	from us	bizden
with you	sizde	from you	sizden
with them	onlarda	from them	onlardan

ADJECTIVES

Adjectives have the same form in the singular and plural and come
before the noun they describe:
uzun kalem – long pen; kara bulutlar – black clouds

DEMONSTRATIVE ADJECTIVES AND PRONOUNS

The pronouns and adjectives have the same form in Turkish:

bu – this bunlar – these   şu – that şunlar – those

nominative (subject)	bu	bunlar	şu	şunlar
possessive (of)	bunun	bunların	şunun	şunların
dative (to)	buna	bunlara	şuna	şunlara
objective (object)	bunu	bunları	şunu	şunları
locative (at, in, on)	bunda	bunlarda	şunda	şunlarda
ablative (from)	bundan	bunlardan	şundan	şunlardan

INTERROGATIVE PRONOUNS

	kim – who		ne – what	
	singular	*plural*	*singular*	*plural*
nominative	kim – who	kimler	ne – what	neler
possessive	kimin – whose	kimlerin	neyin – of what	nelerin
dative	kime – to whom	kimlere	neye – to what, what for	nelere
objective	kimi – whom	kimleri	neyi – what	neleri
locative	kimde – at/on/ with whom	kimlerde	—	—
ablative	kimden – from whom	kimlerden	neden – why	nelerden

Note also hangi or hangisi – which; nereye – where to; nereden – where from.

VERBS

Turkish verbs are composed of two parts: the verb stem or root and the infinitive suffix, which is -**mek** for verbs with thin vowels and -**mak** for verbs with thick vowels. The tense and pronoun suffixes are added to the root of the verb. By taking various suffixes the verb can express itself in all forms and tenses without the help of an auxiliary verb.

Present tense
The suffixes are as follows:

singular
1st person -arım, -erim, -ırım, -irim, -urum, -ürüm
2nd person -arsın, -ersin, -ırsın, -irsin, -ursun, -ürsün
3rd person -ar, -er, -ır, -ir, -ur, -ür

plural

1st person -arız, -eriz, -ırız, -iriz, -uruz, -ürüz
2nd person -arsınız, -ersiniz, -ırsınız, -irşiniz, -ursunuz, -ürsünüz
3rd person -arlar, -erler, -ırlar, -irler, -urlar, -ürler

beğenmek – to like		bakmak – to look	
beğenirim	I like, etc.	bakarım	I look, etc.
beğenirsin		bakarsın	
beğenir		bakar	
beğeniriz		bakarız	
beğenirsiniz		bakarsınız	
beğenirler		bakarlar	

okumak – to read		demek – to say	
okurum	I read, etc.	derim	I say, etc.
okursun		dersin	
okur		der	
okuruz		deriz	
okursunuz		dersiniz	
okurlar		derler	

Future tense

singular

1st person -acağım, -eceğim, -yacağım, -yeceğim
2nd person -acaksın, -eceksin, -yacaksın, -yeceksin
3rd person -acak, -ecek, -yacak, -yecek

plural

1st person -acağız, -eceğiz, -yacağız, -yeceğiz
2nd person -acaksınız, -eceksiniz, -yacaksınız, -yeceksiniz
          -acaklar, -ecekler, -yacaklar, -yecekler

beğenmek – to like		bakmak – to look	
beğeneceğim	I shall like, etc.	bakacağım	I shall look, etc.
beğeneceksin		bakacaksın	
beğenecek		bakacak	
beğeneceğiz		bakacağız	
beğeneceksiniz		bakacaksınız	
beğenecekler		bakacaklar	

okumak – to read		demek – to say	
okuyacağım	I shall read, etc.	deyeceğim	I shall say, etc.
okuyacaksın		deyeceksin	
okuyacak		deyecek	
okuyacağız		deyeceğiz	
okuyacaksınız		deyeceksiniz	
okuyacaklar		deyecekler	

Past tense

singular

1st person -dım, -dim, -dum, -düm, -tım, -tim, -tum, -tüm
2nd person -dın, -din, -dun, -dün, -tın, -tin, -tun, -tün
3rd person -dı, -di, -du, -dü, -tu, -tü

plural

1st person -dık, -dik, -duk, -dük, -tık, -tik, -tuk, -tük

2nd person -dınız, -diniz, -dunuz, -dünüz, -tınız, -tiniz, -tunuz, -tünüz
3rd person -dılar, -diler, -tılar, -tiler, -tular, -tüler

beğenemek – to like		bakmak – to look	
beğendim	I liked, have liked, etc.	baktım	I looked, have looked, etc.
beğendin		baktın	
beğendi		baktı	
beğendik		baktık	
beğendiniz		baktınız	
beğendiler		baktılar	

okumak – to read		demek – to say	
okudum	I read, have read, etc.	dedim	I said, have said, etc.
okudun		dedin	
okudu		dedi	
okuduk		dedik	
okudunuz		dediniz	
okudular		dediler	

To be

The verb 'to be' has no infinitive, but only suffix forms. It never stands alone in the present tense but is always attached to an adjective. The past tense may be written as a separate word if the form **idim**, **idin**, etc., is used. The future tense is usually formed by the future of **olmak** – to become. Note that the verb has several forms to suit the rule of sound harmony.

Present tense

I am	-ım, -im, -um, -üm, -yım, -yim, -yum, -yüm
you are	-sın, -sin, -sun, -sün

he/she/it is   -dır, -dir, -dur, -dür
we are   -ız, -iz, -uz, -üz, -yız, -yiz, -yuz, -yüz
you are   -sınız, -siniz, -sunuz, -sünüz
they are   -dırlar, -dirler, -durlar, -dürler

e.g. yorgun – tired; yorgunum – I am tired; hasta – ill; hastadır – he is ill

Past tense

I was	idim or -ydım, -ydim, -dım, -dim, -dum, -düm, -ydum, -ydüm
you were	idin or -ydın, -ydin, -dın, -din, -dun, -dün, -ydun, -ydün
he/she/it was	idi or -ydı, -ydi, -dı, -di, -du, -dü, -ydu, -ydü
we were	idik or -ydık, -ydik, -dık, -dik, -duk, -dük, -yduk, -ydük
you were	idiniz or -ydınız, -ydiniz, -dınız, -diniz, -dunuz, -dünüz, -ydunuz, -ydünüz
they were	idiler or -ydılar, -ydiler, -dılar, -diler, -dular, -düler, -ydular, -ydüler

e.g. hastaydım – I was ill; yorgundular – they were tired

Future tense

I shall be	olacağım
you will be	olacaksın
he/she/it will be	olacak
we shall be	olacağız
you will be	olacaksınız
they will be	olacklar

The auxiliary verbs 'can' and 'must' are also expressed by suffixes added to the root of the main verb.

'To have to, must' is the suffix **-malı** or **-meli** which follows the root of the verb and is itself followed by the usual personal pronoun suffix.

almalıyım	I must take, etc	almalıydım	I should have taken, etc.
almalısın		almalıydın	
almalıdır		almalıydı	
almalıyız		almalıydık	
almalısınız		almalıydınız	
almalıdırlar		almalıydılar	

'To be able, can' is the suffix -**abilir**, -**yabilir**, -**ebilir**, -**yebilir** and it is used in the same way as -**malı**, -**meli** above.

gidebilirim	I can go, etc.	gidebildim	I could/was able to go, etc.
gidebilirsin		gidebildin	
gidebilir		gidebildi	
gidebiliriz		gidebildik	
gidebilirsiniz		gidebildiniz	
gidebilirler		gidebildiler	

YOU

The second person singular form **sen**, and its suffix variations in verb forms are only used when speaking to children, close friends or relatives. On all other occasions the second person plural form **siz** and its variations are used.

INTERROGATIVES

The words **mı, mi, mu, mü**, are used. They are not joined to the word they follow, but their vowels still change according to the sound harmony rule.

geldim – I came; geldim mi? – did I come?

geldiniz – you came; geldiniz mi? – did you come?

NEGATIVES

The suffix **-ma**, **-me** is added to the root of the verb before the pronoun suffix

verdim – I gave; vermedim – I did not give

gelirim – I come; gelmem – I do not come

okuyacak – he will read; okumayacak – he will not read

The word **yok** is very commonly used in Turkish as a negative answer or statement:

tren yok – there is no train

oda yok – there are no rooms available

su yok – there is no water

yemek yok – there is no food

SOME PREPOSITIONS

There are no independent prepositions in Turkish; they take the form of suffixes attached to the noun.

without: -sız, -siz, -suz, -süz

   yemek – food; yemeksiz – without food

   su – water; susuz – without water

   banyo – bath; banyosuz – without bath

with: -lı, -li, -lu, -lü

   yemekli – with food

    sulu – with water, watery
    banyolu – with bath
-lı and its variations can also denote the country or town of origin of a person:
Ankaralı – person from Ankara
Londralı – Londoner

WORD ORDER

In Turkish the verb always comes at the end of the sentence, although a noun subject will be put at the beginning.

    Müze pazartesi günü kapalıdır – the museum is closed on Mondays

FIRST THINGS

Essentials

Yes	Evet
No	Hayır
Please	Lütfen
Thank you	Teşekkür ederim/sağol

Questions and requests

Where is/are . . . ?	. . . nerededir?
When?	Ne zaman?/ne vakit?
How much is/are . . . ?	. . . kaçadır?
How far?	Ne kadar uzak?
What's this?	Bu nedir?
What do you want?	Ne istiyorsunuz?
What must I do?	Ne yapmalıyım?
Have you . . .	. . . var mı?
Have you seen . . . ?	. . . i gördünüz mü?
I want/should like . . .	. . . istiyorum
I don't want . . .	. . . istemem

Useful statements

Here is/are . . .	. . . buradadır
I like it	Beğendim/iyi
I don't like it/them	Onu beğenmedim/istemem
I know	Biliyorum
I don't know	Bilmiyorum/bilmeyorum
I didn't know	Bilmiyordum/bilmeyordum
I think so	Öyledir sanırım
I'm hungry	Acıktım
I'm thirsty	Susadım
I'm tired	Yorgunum
I'm in a hurry	Acele ediyorum
I'm ready	Hazırım
Leave me alone	Yalnız kalmak isterim
Just a moment	Bir dakika
This way, please	* Lütfen buraya
Take a seat	* Oturunuz/buyurunuz
Come in!	* Gir!
It's cheap	Ucuzdur
It's too expensive	Çok pahalıdır

That's all	Okadar/tamam
You're right	Doğrudur/öyledir
You're wrong	Yanıldınız/öyle değil

Language problems

I'm English/American	İngilizim/Amerikanım
Do you speak English?	İngilizce bilir misiniz?
I don't speak Turkish	Türkçe bilmen
I don't understand	Anlamam
Would you say that again, please?	Lütfen tekrar ediniz?
Please speak slowly	Lütfen yavaş konuşunuz
What is it called in Turkish?	Türkçe bunun adı nedir?

Polite phrases

Sorry	Affedersiniz/Kusura bakmayın
Excuse me	Müsade edin
That's all right	Tamam/iyi
Not at all/don't mention it	Bir şey değil/değmez

Don't worry	Merak etmeyin
It doesn't matter	Bir şey değil
I beg your pardon	Kusura bakmayın/pardon *in cities*
Am I disturbing you?	Sizi rahatsız ediyor muyum?
I'm sorry to have troubled you	Affedersiniz sizi meşgul ettim
Good/that's fine	İyidir
That is very kind of you	Yardımınıza teşekkür ederim

Greetings and hospitality

Good morning/good day	Gün aydın
Good afternoon	Gününüz iyi olsun
Good evening	Akşamlar hayır olsun
Good night	Geceniz iyi olsun/iyi geceler
Hallo	Merhaba
How are you?	Nasılsınız?
Very well, thank you	İyiyim, teşekkür ederim
Goodbye[1]	Hoşça kalınız/güle güle

1. Turkish has two forms for goodbye. The person who is leaving says 'hoşça kalınız' (lit. 'remain well') and the person who is staying behind says 'güle güle' (lit. 'go happily').

See you soon	Gene görüşelim
Have you met my wife?	Karımla tanışdınız mı?
May I introduce you to my husband	Sizi kocama takdim edeyim mi?
Glad to know you	Tanışdığımıza memnun oldum/ Müşerref oldum
What's your name?	İsminiz nedir?/Adınız nedir?
What's your address?	Adresiniz nedir?
What's your telephone number?	Telefon numaranız nedir?
Where are you staying?	Nerede kalıyorsunuz?
Where are you from?	Nerelisiniz?
Make yourself comfortable	* Rahatınıza bakın
Help yourself/join me/join us	* Buyurun
Good appetite	Afiyet olsun
Would you like a drink?	Bir şey içer misiniz?/Bir şey alır misiniz?
Do you smoke?	Sigara içer misiniz?
Can I offer you anything?	Size bir şey ikram edebilir miyim?
Thanks for a pleasant time	Pek eylendik, teşekkürler
Thanks for the invitation	Davetinize teşekkür ederim
Are you doing anything this evening?	Bu akşam meşgul musunuz?

Could we have coffee/dinner together?

Would you like to go to the museum/for a walk/dancing with me?

Bon voyage

Good luck/all the best

Beraber kahve/yemek alabilir miyiz?

Benimle müzeye/gezmeye/ dansa gider misiniz?

Yolunuz açık olsun/güle güle

Hoşça kalınız

SIGNS AND PUBLIC NOTICES

Açık	Open
Asansör	Lift/elevator
Banka/bankası	Bank
Bayanlar/kadınlar	Ladies
Baylar/erkekler	Gentlemen
Boş yer yok/boş oda yok	No vacancies/no rooms
Çıkış	Exit
Dikkat	Caution/attention
Dokunulmaz/dokunmayın	Do not touch
Doludur/dolu	Full house (cinema, etc.)
Enformasyon	Information
Girilmez	No entry
Girilmez/girmek yasaktır	No admission/admission prohibited
Giriş	Entrance
Giriş serbesttir	Admission free
İçilmez	Not for drinking
İçme suyu	Drinking water
Kapalı	Closed
Kapıyı çal	Knock
Kılavuz	Guide
Kiralık	To let
Kiralık oda	Room to let

Meşgul/doludur	Engaged/occupied
Özel/hususi	Private
Polis karakolu/polis müdürlüğü	Police station/police
Postahane/PTT	Post office
Rezerve/tutulmuş	Reserved
Sağdan gidiniz	Keep right
Serbest/boş	Vacant/free/unoccupied
Sigara içilmez	No smoking
Tehlike/tehlikeli	Danger/dangerous
Tehlike anında çıkış	Emergency exit
Tercüman	Interpreter
Tuvalet/yüz numara	Lavatory/toilet
Vezne/kasa	Cashier Desk
Veznedar	Cashier
Yayalar/yayalara mahsus	Pedestrians
Yasak	Trespassers forbidden/will be prosecuted
Ayakta durulur	Standing room only
Zili çalınız	Ring

Some useful abbreviations and names

Denizcilik Bankası TAO	Turkish Maritime Bank which runs Turkish shipping
DDY	Turkish State Railways
Petrol Ofis	Petrol Products Sales Organization
PK	Post box
PTT	G.P.O.
TC	Turkish Republic – initials which appear on official buildings and documents
TL	Turkish lira
THY	Turkish Airlines
TRT	Turkish Radio and Television
Turing ve Otomobil Kulübü	Turkish Automobile Association
Turizm Bürosu	Tourist Information Office

MONEY[1]

Is there an exchange bureau near here?	Buralarda bir kambiyo bürosu var mı?
Do you cash travellers' cheques?	Seyahat çeki bozar mısınız?
Where can I cash travellers' cheques?	Nerede seyahat çeki bozabilirim?
I want to change some pounds/dollars	İsterling/dolar bozmak isterim
How much do I get for a pound/dollar?	Bir isterlinge/bir dolara ne alırım?
Can you give me some small change?	Ufak para verebilir misiniz?
Sign here, please	* Lütfen buraya imza ediniz
Go to the cashier	* Vezneye gidiniz

CURRENCY TABLE

1 Turkish lira = 100 kuruş

1. Banks are open in Turkey from 9 a.m. to 12 a.m. and 1.30 p.m. to 5 p.m.

TRAVEL

On arrival

Customs	* Gümrük
Passport control	* Pasaport Kontrolu
Your passport, please	* Pasaportunuz, lütfen
May I see your green card please?	* Yeşil kartınızı görebilir miyim, lütfen?
Are you together?	* Beraber misiniz?/Birlikte misiniz?
I'm travelling alone	Yalnızım/Yalnız seyahat ediyorum
I'm travelling with my wife/a friend	Karımla/arkadaşımla seyahat ediyorum
I'm here on business/on holiday	İş için/tatil için geldim
What is your address in Ankara?	* Ankarada adresiniz nedir?
How long are you staying here?	* Burada ne kadar kalacaksınız?
How much money have you got?	* Ne kadar paranız var?
I have . . . /pounds/dollars	. . . isterling/ . . . dolarım var
Which is your luggage?	* Hangi valizler sizindir?
Have you anything to declare?	* Beyan edecek bir şeyiniz var mı?

This is my luggage	Valizlerim bunlardır/Valizim[1] budur
I have only my personal things in it	Yalnız şahsi eşyalarım var
Open this bag, please	* Bu valizi açınız, lütfen
Can I shut my case now?	Valizimi kapayabilir miyim?
May I go?	Gidebilir miyim?
Where is the information bureau, please?	Enformasyon bürosu nerededir?
Porter, here is my luggage	Hamal, valizim budur/valizlerim bunlardır
What's the price for each piece of luggage?	Her parça için ne istersin?
I shall take this myself	Bunu ben götürürüm
That's not mine	Bu benim değildir
Would you call a taxi?	Taksi çağırır mısın?
How much do I owe you?	Ne kadar eder?/Borcum nedir?

Buying a ticket

Where's the nearest travel agency?	En yakın seyahat acentesi nerededir?
Have you a timetable, please?	Vakit cedveli var mı?

1. 'Valizim' is one piece of luggage; 'valizlerim' denotes more than one piece of luggage.

What's the tourist return fare to . . . ?	. . . için gidiş-geliş bileti kaçadır?
How much is it first class to . . . ?	. . . a birinci mevki kaçadır?
A second-class single to . . .	. . . a ikinci mevki gidiş bileti
Three singles to . . .	. . . a üç dane gidiş bileti
A day return to . . .	. . . a bir günlük gidiş-geliş bileti
How long is this ticket valid?	Bu biletin süresi nedir?
Is there a supplementary charge?	Bunun için ek ücret vermek lâzım mı?

Signs to look for at stations, termini, etc.

Arrivals	Geliş
Booking Office	Bilet rezervasyon
Buses	Otobüsler
Connections	Aktarma/Bağlantı
Departures	Gidiş
Enquiries	Sorular/Enformasyon
Exchange	Kambiyo
Gentlemen	Baylar
Ladies' Room	Bayanlar

Left Luggage	Emanet eşya deposu
Lost Property	Kayıp eşya deposu
Non-Smoker	Sigara içilmeyen vagon
Refreshments	Büfe
Smoker	Sigara içilen salon
Suburban Lines	Banliyo trenleri/hatları
Taxis	Taksiler
Tickets	Biletler
Waiting Room	Bekleme salonu

By train

RESERVATIONS AND INQUIRIES

Where's the railway station?	Demiryolu garı/istasyonu nerededir?
Two seats on the 11.15 tomorrow to . . .	Yarın onbiri çeyrek geçe . . . a gidecek trende iki yer
I want to reserve a sleeper	Bir yataklı yer tutmak isterim
How much does a couchette cost?	Bir kuşet kaçadır?
I want to register this luggage through to . . .	Bu valizi . . . a göndermek isterim
Is it an express or a local train?	Bu tren ekspres mi, banliyo mu?

Is there an earlier/later train?	Daha erken/daha sonra tren var mı?
Is there a restaurant car on the train?	Bu trende restoran vagonu var mı?

CHANGING

Is there a through train/carriage to . . . ?	. . . a giden tren/vagon var mı?
Do I have to change?	Aktarma yapmalı mıyım?
Where do I change?	Nerede aktarma yapacağım?
What time is there a connection to . . . ?	. . . a bağlantı ne vakit?

DEPARTURE

When does the train leave?	Bu tren ne vakit kalkar?
Which platform does the train to . . . leave from?	. . . a giden tren hangi perondan kalkar?
Is this the train for . . . ?	. . . a giden tren bu mu?

ARRIVAL

When does it get to . . . ?	. . . a ne zaman varır?
Does the train stop at . . . ?	Bu tren . . . da durur mu?
How long do we stop here?	Burada ne kadar duruyoruz?

1. For help in understanding the answers to these and similar questions see TIME (p. 118), NUMBERS (p. 122), DIRECTIONS (p. 43).

Is the train late?	Tren gecikti mi?
When does the train from . . . get in?	. . . dan gelen tren ne vakit gelir?
At which platform?	Hangi peronda?

ON THE TRAIN

We have reserved seats	Tutulmuş/rezerve edilmiş yerlerimiz var
Is this seat free?	Bu yer boş mu?/burası boş mu?
This seat is taken	Bu yer tutulmuştur/bu yer boş değil

By air

I'd like to book two seats on Monday's plane to . . .	Pazartesi . . . a giden uçakta iki yer istiyorum
Is there a flight to . . . next Thursday?	Gelecek Persembe gün . . . a uçak var mı?
When does it leave/arrive?	Ne vakit gider/gelir?
When does the next plane leave?	Bundan sonraki uçak ne vakit kalkar?
Is there a coach to the airport?	Hava alanına otobüs var mı?
When must I check in?	Ne zaman bilet kaydı yapacağım?

Please cancel my reservation to . . .	. . . için ayırttığım yeri iptal edin
I'd like to change my reservation to . . .	Yaptığım rezervasyonu . . . için değiştiriniz

By ship

Is there a boat from here to . . . ?	Buradan . . . a vapur var mı?
How long does it take to get to . . . ?	Buradan . . . a gitme ne kadar vakit alır?
How often do the boats leave?	Ne kadar ara ile buradan vapur kalkar?
Where does the boat put in?	Vapur hangi rıhtıma yanaşır?
Does it call at . . . ?	. . . a gider mi?
When does the next boat leave?	Bundan sonra ilk vapur ne vakit?
Can I book a single berth cabin?	Tek kamara yeri ayırtabilir miyim?
How many berths are there in this cabin?	Bu kamarada kaç yer var?
When must we go on board?	Vapura ne vakit girmeliyiz?
When do we dock?	Ne vakit rıhtıma yanaşırız?
How long do we stay in port?	Bu limanda ne kadar kalacağız?

By bus or coach

Where's the bus station?	Otobüs istasyonu nerededir?
Where's the coach station?	Şehirler arası otobüs istasyonu nerededir?
Bus stop	★ Otobüs durağı
Request stop	★ İhtiyari durak
When does the coach leave?	Bu otobüs ne vakit kalkar?
What time do we get to . . . ?	. . . a saat kaçta varırız?
What stops does it make?	Hangi yerlerde durak yapar?
Is it a long journey?	Seyahat uzun sürer mi?
We want to take a sight-seeing tour round the city	Şehir içinde bir gezi turu yapmak isteriz
Is there an excursion to . . . tomorrow?	Yarın . . . a bir gezi var mı?
What time is the next bus?	Bundan sonraki otobüs ne vakit?
How often does the 25 run?	Yirmi beş numara otobüs ne kadar ara ile gelir?
Has the last bus gone?	Son otobüs gitti mi?
Does this bus go to the centre?	Bu otobüs şehrin merkezine gider mi?
Does this bus go to the beach?	Bu otobüs plaja gider mi?

Does this bus go to the station?	Bu otobüs gara gider mi?
Does it go near . . . ?	. . . a yakın bir yere gider mi?
Where can I get a bus to . . . ?	. . . a gitmek için nerede otobüse binerim?
I want to go to . . .	. . . a gitmek isterim
Where do I get off?	Nerede otobüsden inerim?
The bus to . . . stops over there	★ . . . a giden otobüs orada durur
A number 30 goes to . . .	★ Numara otuz . . . a gider
You must take a number 24	★ Numara yirmi dört'e binmelisin
You get off at the next stop	★ Gelecek durakta in
The buses run every ten minutes/every hour	★ Otobüsler her on dakikada/her saatta bir gelir

By taxi

Are you free?	Serbest misin?/boş musun?
Please take me to Hotel Central/ the station/this address	Lütfen beni Santral Oteline/ gara/bu adrese götür
Can you hurry, I'm late?	Biraz daha çabuk gider misin, geç kaldım?
Please wait a minute	Lütfen bir dakika bekle
Stop here	Burada dur

Is it far?	Uzak mı?
How much do you charge by the hour/for the day?	Bir saatına/bir gününe ne kadar istersin?
I'd like to go to ... How much would you charge?	... a gitmek isterim; ne kadar edecek?
How much is it?	Kaç para?
That's too much	Çok fazla istiyorsun
I am not prepared to spend that much	O kadar fazla para sarfetmek istemem
It's a lot, but all right	Çoktur, ama birşey değil

Directions

Where is .... ?	... nerededir?
Is this the way to ... ?	... a giden yol bu mu?
Which is the road for ... ?	... a giden yol hangisi?
How far is it to ... ?	... ne kadar uzaktır?
How many kilometres?	Kaç kilometre?
We want to get on to the motorway to ...	... a giden ana yola gitmek isteriz
Which is the best road to ... ?	... a giden en iyi yol hangisi?
Is it a good road?	Yol iyi mi?

Is it a motorway?	Esas otomobil yolu mu?
Will we get to . . . by evening?	Akşama kadar . . . a varır mıyız?
Where are we now?	Şimdi neredeyiz?
Please show me on the map	Lütfen bana haritada gösterin
It's that way	* Şu yoldan gidilir
It isn't far	* Uzak değil
Follow this road for 5 kilometres	* Beş kilometre bu yoldan git
Keep straight on	* Doğru git
Turn right at the crossroads	* Yol kavşağında sağa dönün/ sapın
Take the second road on the left	* Soldaki ikinci yola dönün/sapın
Turn right at the traffic-lights	* Trafik ışıklarında sağa dönün/ sapın
Turn left after the bridge	* Köprüden sonra sola dönün/sapın
The best road is the . . .	* En iyi yol . . . yoludur
Take this road as far as . . . and ask again	* . . . a kadar bu yoldan git, sonra gene sor

Motoring

Where can I hire a car?	Nerede bir otomobil kiralaya bilirim?

I want to hire a car and a driver/ a self drive car	Bir otomobil kiralamak isterim/ kendim sürmek isterim
How much is it by the hour/day/ week?	Saatı/gündeliği/haftalığı kaçadır?
Have you a road map, please?	Yol haritasi var mı?
Where is a car park?	Oto parkı nerededir?
Can I park here?	Burada park yapabilir miyim?
How long can I park here?	Burada ne kadar vakit park yapabilirim?
May I see your licence, please?	* Ehliyetinizi/oto ruhsatınızı görebilir miyim?

Road signs[1]

Azami sürat 40 km	Speed limit 40 kilometres
Dar yol	Narrow road
Demiryolu geçidi	Level crossing

---

1. International road signs and rules apply in Turkey. Main roads are well supplied with petrol stations and garages. Unless there are road signs to the contrary vehicles from the right have priority at road junctions. Highways and major roads are numbered and patrolled by traffic police (*trafik polisi*). The Turkish Touring and Automobile Club (*Türkiye Turing ve Otomobil Klübü*) which is associated with British motoring organizations, Turkish Tourism Bureaux (*Turizm Büroları*) and Turkish Tourism and Information Offices in major cities abroad will supply information on insurance, hotels, motels, road signs, camping sites, etc.

Dik tepe/yokuş	Steep hill
Dikkat	Attention
Dikkatli sür	Drive with care
Dur/stop	Stop
Geçis yasaktır	No overtaking
Girilmez	No entry
Park yapılmaz	No parking
Park yeri/park yapılır	Parking place/parking allowed
Sağdan gidiniz	Get in right lane/keep right
Tek yol	One way street
Virajlı yol	Winding road
Yavaş	Slow
Yangın tehlikesi	Fire danger
Yoldan sap	Diversion
Yol kapalı	Road closed
Yol tamiri	Road works

At the garage

Where is the nearest petrol station?	En yakın benzin istasyonu nerededir?
How far is the next petrol station?	Önümüzdeki benzin istasyonu ne kadar uzaktır?

30 litres of petrol, and please check the oil and water	Otuz litre benzin, lütfen motor yağına ve suya bakınız
Fill her up	Benzin tankını doldur
How much is petrol a litre?	Benzinin litresi kaçadır?
The oil needs changing	Motor yağını değiştirmek lâzım
Check the tyre pressure, please[1]	Lâstiklerin hava tazyikini lütfen ölçünüz
Please change the tyre	Lütfen lâstiği değiştiriniz
This tyre is flat/punctured	Lâstik boştur/patlaktır
The valve is leaking	Valf sızıyor
The radiator is leaking	Radiyatör su akıtıyor
Please wash the car	Lütfen otomobili yıkayınız
Can I garage the car here?	Otomobilimi burada garaja bırakabilir miyim?
What time does the garage close?	Garaj saat kaçta kapanır?

Repairs

Have you a breakdown service?	Yedekte çekme servisiniz var mı?

1. See p.54.

Is there a mechanic?	Bir makinist var mı?
My car's broken down, can you send someone to tow it?	Arabam bozuldu, yedekde çekecek birini gönderebilir misiniz?
The battery is flat, it needs charging	Akümülatör boştur, şarj yapmak lâzım
I've lost my car key	Otomobilimin anahtarını kaybettim
The lock is broken/jammed	Kilit kırıldı/açılmıyor
My car won't start	Otomobilim çalışmıyor
The engine is overheating	Motor çok ısınıyor
The engine is firing badly/knocks	Motor normal çalışmıyor/ses yapıyor
Can you change this plug?	Bu buji'yi değiştirebilir misiniz?
There's a petrol/oil leak	Benzin/yağ sızıyor
There's a smell of petrol/rubber	Bir benzin/lâstik kokusu var
The radiator is blocked/leaking	Radiyatör tıkandı/sızıyor
Something is wrong with my car/ the engine/the lights/the clutch/ the gearbox/the brakes/the steering	Otomobilimde/motorda/ ışıklarda/debriyajda/vites kutusunda/frenlerde/ direksiyonda bir bozukluk var
There's a squeak/whine/rattle	Vızıltı/inilti/çatırdama sesi var
It's a high/low noise	İnce/kalın bir gürültü sesi var
It's intermittent/continuous	Aralıklı/devamlı bir ses var

The carburettor needs adjusting	Karbüratörü ayarlamak lâzım
Can you repair it?	Onarabilir misin?
How long will it take to repair?	Onarım ne kadar sürecek?
What will it cost?	Kaça mal olacak?
When can I pick the car up?	Otomobili ne vakit alabilirim?
I need it as soon as possible	Mümkün olduğu kadar erken almam lâzım
I need it in three hours/tomorrow morning	Üç saat sonra/yarın sabah lâzım olacak
It will take two days	* İki gün sürecek
We can repair it temporarily	* Muvakkat tamir yapabiliriz
We haven't the right spares	* Lâzım olan yedek parçamız yok
We have to send for the spares	* Yedek parçaları başka yerden getirtmek lâzım
You will need a new ...	* Yeni bir ... lâzım

Parts of a car and other vocabulary useful in a garage[1]

accelerate (to)	sürati artırmak
accelerator	gaz pedalı/benzin pedalı

1. Many terms used in garages in Turkey have a perceptible French origin and are pronounced as they would be in French.

automatic	otomatik
axle	dingil/aksn/aksen
battery	akümülatör/pil
bonnet/hood	motor kaputu
anti-freeze	antifriz
boot/trunk	bagaj yeri
brake	fren
brake lights	fren ışığı
breakdown	bozuk/çalışmaz halde
bumper	tampon
carburettor	karbüratör
choke	starter
clutch	debriyaj
clutch plate	debriyaj diski
coil	bobin
condenser	kondensatör
crankshaft	krankşaft/krank mili
cylinder	silindir
differential gear	deferansiyel
dip stick	yağ çubuğu/yağ ölçeği
distilled water	mukattar su
distributor	distribütör
door	kapı

doorhandle	kapı eli
drive (to)	sürmek
driver	şoför/sürücü
dynamo	dinamo
engine	motor
exhaust	egzos
fan	vantilatör
fanbelt	vantilatör kayışı
flat tyre	boş lâstik
foglamp	sis farı
fusebox	fiş kutusu
gasket	conta/amyantlı conta
gear	vites
gear box	vites kutusu/şanjman
gear lever	vites çubuğu
grease (to)	makine yağı koymak
handbrake	el freni
headlights	farlar
heater	kalorifer
horn	boru/korna
hose	hortum
ignition	kontakt/marş
ignition coil	kontakt/marş bobini

ignition key	kontakt/marş anahtarı
indicator	sinyal
inner tube	iç lâstik
lack	kriko/kaldırıcı
jights	ışıklar
lock/catch	kilit
mirror	ayna
number plate	plâka
nut	civata/somun
oil	motor yağı
oil pressure	yağ basıncı/yağ tazyiki
parking lights	park lâmbası
petrol	benzin
petrol can	benzin kabı/benzin bidonu
petrol tank	benzin tankı
piston	piston
piston ring	piston halkası
points	plâtin
propellor shaft	pervane mili/vantilatör şaftı
pump	pompa
puncture	lâstik delinmesi/lâstik patlaması
radiator	radiyatör
rear axle	arka dingil/aksn

rear lights	arka lâmbalar
reverse (to)	geriye sürme
reverse	geri
roof-rack	port bagaj
seat	koltuk
shock absorber	suspansiyon tertibatı
side lights	yan lâmbalar
silencer	susturucu
spanner	civata anahtarı
spares	yedek parçalar/aksesuvar
spare wheel	yedek tekerlek
sparking plug	buji
speedometer	sürat ölçü aleti
spring	yay
stall (to)	motor durması
starter	marş
steering	direksiyon
steering wheel	direksiyon dümeni
switch	kontakt
tank	tank
tappets	külbütörler
transmission	transmisyon
tyre	lâstik

tyre pressure	lâstik tazyiki
valve	valf
wheel	tekerlek
window	pençere
windscreen	ön cam
windscreen washers	cam su tulumu
windscreen wipers	cam sileceği
wing	çamurluk

Tyre pressure

lb. per sq. in.	kg per sq. cm	lb. per sq. in.	kg per sq. cm
16	1·1	36	2·5
18	1·3	39	2·7
20	1·4	40	2·8
22	1·5	43	3·0
25	1·7	45	3·1
29	2·0	46	3·2
32	2·3	50	3·5
35	2·5	60	4·2

A rough way to convert lb. per sq. in. to kg per sq. cm: multiply by 7 and divide by 100.

ACCOMMODATION[1]

Booking a room

Rooms to let/vacancies	*Kiralık odalar/boş odalar
No vacancies	*Boş oda yok
Have you a room for the night?	Bu gece için boş odanız var mı?
Can you suggest another hotel?	Başka otel bilir misiniz?
I've reserved a room; my name is . . .	Bir oda tuttum; adım . . . dır
I want a single room with a shower	Tek yataklı duşlu bir oda isterim
We want a room with a double bed and a bathroom	Çift yataklı, banyolu bir oda isteriz
Have you a room with twin beds?	Çift yataklı bir odanız var mı?
I want a room for two or three days/a week/until Friday	İki – üç gün için/bir hafta için/ Cumaya kadar bir oda isterim
What floor is the room on?	Oda hangi kattadır?
Is there a lift/elevator?	Asansör var mı?
Have you a room on the first floor?	Birinci katta bir oda var mı?
May I see the room?	Odayı görebilir miyim?
I like this room, I'll take it	Bu oda iyidir; alıyorum

1. See also LAUNDRY (p. 95) and RESTAURANT (p. 61).

I don't like this room	Bu odayı beğenmedim
Have you another one?	Başka odanız var mı?
I want a quiet room	Sâkin bir oda isterim
There's too much noice	Çok gürültü var
I'd like a room with a balcony	Balkonlu bir oda isterdim
Have you a room looking on to the street/sea?	Sokağa bakan/denize bakan odanız var mı?
We've only a double room	* Yalnız iki yataklı bir odamız var
This is the only room vacant	* Yalnız bu oda boştur
We shall have another room tomorrow	* Yarın başka bir boş oda bulunacak
The room is only available tonight	* Bu oda yalnız bu akşam boştur
How much is the room per night?	Odanın geceliği kaçadır?
Have you nothing cheaper?	Daha ucuz odanız var mı?
Are service and tax included?	Servis ücreti ve vergi bu fiyata dahil mi?
Is breakfast included in the price?	Bu fiyata kahvaltı dahil mi?
How much is the room without meals?	Yemeksiz bir oda kaçadır?

In your room

Could we have breakfast in our room, please?	Kahvaltıyı odamızda alabilir miyiz?
Please wake me at 8.30	Lütfen sekiz buçukta bizi uyandırın
There's no ashtray in my room	Odamda sigara tablası yok
Can I have more hangers, please?	Lütfen birkaç dane daha askı verebilir misiniz?
Is there a point for an electric razor?	Traş makinesi için elektrik fişi var mı?
What's the voltage?	Voltaj nedir?
Where is the bathroom/the lavatory?	Banyo odası/yüz numara nerededir?
Is there a shower?	Duş var mı?
There are no towels in my room	Odamda havlu yok
There's no soap	Sabun yok
There's no water	Su yok
There's no plug in my washbasin	Lavaboda tıkaç yok
There's no toilet paper in the lavatory	Yüz numarada tuvalet kağıdı yok
The lavatory won't flush	Yüz numara tıkandı

May I have the key to the bathroom, please?	Lütfen banyo odasının anahtarını verir misiniz?
May I have another blanket/ another pillow?	Bir battaniye daha/bir yastık daha var mı?
These sheets aren't clean	Bu çarşaflar temiz değil
I can't open my window, please open it	Pençeremi açamayorum; lütfen açın
It's too hot/cold	Çok sıcaktır/çok soğuktur
Can the heating be turned up/ turned off?	Kaloriferi daha sıcak yapabilir misiniz/kapatabilir misiniz?
Is the room air-conditioned?	Bu odada klimatize tertibatı var mı?
The air conditioning doesn't work	Klimatize tertibatı çalışmıyor
Come in!	Gir!/Giriniz!
Put it on the table, please	Masanın üzerine koyun, lütfen
Would you clean these shoes, please?	Lütfen bu ayakkabılarını temizler misiniz?
Would you clean this dress, please?	Lütfen bu elbiseyi temizler misiniz?
Would you press this suit, please?	Lütfen bu elbiseyi ütüler misiniz?
When will it be ready?	Ne zaman hazır olacak?
It will be ready tomorrow	* Yarın hazır olacak

At the reception desk

My key, please	Lütfen anahtarımı verin
Are there any letters/messages for me?	Benim için bir mektup/haber var mı?
If anyone phones, tell them I'll be back at 4.30	Birisi telefon ederse dört buçukta geleceğimi söyleyin
No one telephoned	* Hiç biri telefon etmedi
There's a lady/gentleman to see you	* Sizi görmek isteyen bir bayan/bay var
Please ask her/him to come up	Lütfen söyleyin yukarıya gelsin
I'm coming down	Aşağıya geliyorum
Have you any writing paper/envelopes/stamps?	Yazı kağıdı/zarf/pul var mı?
Please send the chambermaid/the waiter	Oda hizmetçisini/garsonu lütfen gönderin
I need a guide/an interpreter	Bir kılavuz/tercüman isterim
Where is the dining room?	Yemek odası nerededir?
What time is breakfast/lunch/dinner?	Kahvaltı/öğle yemeği/akşam yemeği ne vakit?
Is there a garage?	Garaj var mı?
Is the hotel open all night?	Otel bütün gece açık mı?
What time does it close?	Saat kaçta kapanır?

Departure

I have to leave tomorrow	Yarın gitmem lâzım
Can you have my bill ready?	Hesabımı hazır eder misiniz?
I shall be coming back on . . . ; can I book a room for that date?	. . . gün geri geleceğim; o gün için bir oda ayırtabilir miyim?
Could you have my luggage brought down?	Bagajımı aşağıya gönderebilir misiniz?
Please call a taxi for me	Lütfen benim için bir taksi çağırın
Thank you for a pleasant stay	Hoş vakit geçirdik, teşekkür ederim

RESTAURANT

Going to a restaurant

Can you suggest a good restaurant/a cheap restaurant?	İyi bir restoran/ucuz bir restoran tavsiye edebilir misiniz?
I'd like to book a table for four at 1 o'clock	Saat birde dört kişilik bir masa rezerve yapmak istiyorum
I've reserved a table; my name is . . .	Bir masa rezerve ettim; adım . . . dir
Have you a table for three?	Üç kişilik masanız var mı?
Is there a table free on the terrace?	Tarasada boş bir masa var mı?
This way, please	* Lütfen buraya buyurun/Buraya lütfen
We shall have a table free in half an hour	* Yarım saat sonra boş masamız olacak
We don't serve lunch until 12.30	* Saat yarıma kadar yemek servisi yapmayız
We don't serve dinner until 8 o'clock	* Sekize kadar akşam yemeği servisi yapmayız
We stop serving at 11 o'clock	* Saat on birden sonra servis yapmayız
Where is the cloakroom?	El yıkama yeri nerededir?
It is downstairs	Aşağıdadır

We are in a hurry	Acele ediyoruz
Do you serve snacks?	Ufak porsiyon yemek servisi yapar misiniz?
That was a good meal, thank you	Yemek çok güzeldi, mersi

Ordering

Service charge	Servis ücreti
Waiter/waitress	Garson
I want to see the head waiter	Baş garsonu görmek isterim
May I see the menu/the wine list, please?	Menüyü/şarap listesini görebilir miyim, lütfen?
Is there a set menu for lunch?	Tabldot öğle yemeği var mı?
What do you recommend?	Ne tavsiye edersiniz?
Can you tell me what this is?	Bunun ne olduğunu lütfen söyler misiniz?
What is the speciality of the restaurant/of the region?	Bu restoranın/bu bölgenin spesyalite'si nedir?
Would you like to try . . . ?	. . . denemek ister misiniz?
There's no more . . .	. . . bitti/ . . . kalmadı
I'd like . . .	. . . istiyorum
May I have fried instead of boiled potatoes?	Haşlanmış patates yerine kızartılmış patates var mı?

Is it hot or cold?	Sıcak mı, soğuk mu?
This isn't what I ordered, I want . . .	Sipariş ettiğim bu değildir, . . . isterim
I don't want any oil/sauce with it	Yağ/salça istemem
Some more bread, please	Biraz daha ekmek, lütfen
A little more, please	Biraz daha, lütfen
This is bad/uncooked/stale/tough	Bu fenadır/iyi pişmedi/bayattır/katıdır

---

Drinks[1]

What will you have to drink?	* Ne içmek istiyor sunuz?
A bottle of the local wine, please	Bir şişe yerli şarabı, lütfen
Do you serve wine by the glass?	Bardakla açık şarap servis yapar mısınız?
Two glasses of beer, please	İki bardak bira, lütfen
Two more beers	İki bardak daha bira
I'd like another glass of water, please	Bir bardak daha su isterim, lütfen
The same again, please	Bir daha getirin lütfen
Three black coffees and one white[2]	Üç fincan siyah kahve, bir fincan sütlü kahve

1. In good restaurants bottled water is served for a small charge. A popular drink taken with meals is *ayran*, a liquified yogurt, as well as bottled water, wine or beer.
2. See p. 82.

May we have an ashtray?	Bir sigara tablası verir misiniz?
Can I have a light, please?	Bir kibrit verir misiniz?

Paying

The bill, please	Hesabı getirin, lütfen
Does it include service?	Servis ücreti dahil mi?
Please check the bill – I don't think it's correct	Lütfen hesaba tekrar bakın, yanlıştır sanırım
I didn't have soup	Çorba almadım
I had chicken, not steak	Piliç aldım, biftek değil
May we have separate bills?	Hesablarımızı ayrı yapınız, lütfen

Breakfast [1]

Breakfast	Kahvaltı/sabah kahvaltısı
What time is breakfast served?	Kahvaltı saat kaçtadır?

1. Breakfast can be taken at cafés. It usually consists of tea or coffee, rolls, bread or toast, white salty cheese, fried egg, jam. Sometimes small pies are available. Tea is served in small glasses without milk unless it is specifically asked for.

A large white coffee, please	Bir büyük sütlü kahve, lütfen
A black coffee[1]	Bir siyah kahve
A cup of tea, please	Bir bardak çay lütfen
I'd like tea with milk/lemon	Sütlü/limonlu çay istiyorum
May we have some sugar, please?	Biraz daha şeker, lütfen
A roll/toast and butter	Bir parça ekmek/kızartılmış ekmek tereyağı
More butter, please	Biraz daha tereyağı, lütfen
Have you some jam/marmalade?	Biraz reçel/marmalad var mı?
I would like a hard-boiled egg/ soft-boiled egg	Haşlanmış yumurta/rafadan yumurta istiyorum
What fruit juices have you?	Hangi meyve suyu var?

Restaurant vocabulary

ashtray	sigara tablası
bar	bar (*usually means night club*)
beer	bira
bill	hesap
black pepper	karabiber

1. See p. 82.

bottle/½ bottle	bir şişe/yarım şişe
bowl	kâse/tas
bread	ekmek
butter	tereyağı
carafe	karaf
cigarettes	sigara
cloakroom	el yıkama yeri/tuvalet
coffee	kahve
course (dish)	kab
cream	kaymak
cup	fincan
fork	çatal
garlic	sarmısak
glass	bardak
hungry (to be)	acıkmak
knife	bıçak
lemon	limon
matches	kibrit
mayonnaise	mayonez
menu	menü
milk	süt
mustard	mustarda
napkin	peçete

oil	yağ
pepper (green)	biber
plate	tabak
restaurant	restoran
salt	tuz
sandwich	sandviç
sauce	salça
saucer	fincan tabağı
service	servis
snack	hafif yemek
spoon	kaşık
sugar	şeker
table	masa
tablecloth	masa örtüsü
tea	çay
terrace	tarasa
thirsty (to be)	susamak
tip	bahşiş
toothpick	kürdan
vinegar	sirke
waiter	garson
waitress	garson
water	su

wine	şarap
wine list	şarap listesi

THE MENU

Small portions of a large variety of pickles, greens, vegetables, salads giblets, fish, meat delicacies, cheese, nuts, etc., are always served with *rakı* (local drink, similar to Arab 'arak' and Greek 'ouzo'), vodka, beer or wines at taverns, restaurants, night clubs, bistros and private parties.[1] The selection may vary according to season and place. *Mezeler*, which also roughly corresponds to 'snacks', might contain:

Ançüvez	anchovy
Ançüvez ezmesi	anchovy puree
Beyin salatası	dressed brains salad
Beyin kızartması	fried brains
Bezelya ezmesi	purée of peas
Börekler	small savoury pies
Cacık	cucumber with yogurt and garlic
Ciğer	liver – hot or cold
Çiroz	dried small mackerel served with a dressing
Dolma	stuffed vegetables (with or without meat)
Enginar	artichokes in brine

1. There are special shops called *mezeci* (roughly delicatassens) and *turşucu* (pickle shops) which sell *meze* and pickles to take home.

Fındık	bhazel nuts
Havyar	caviar or fish roes
Karides	prawns
Karides tavası	prawns fried in batter
Kireviz	celery
Kuru fasulya piyaz	haricot bean salad
Lâkerda	salted tunny
Marul göbeği	cos lettuce hearts
Marul cacığı	lettuce and yogurt
Meyveler	fruit
Midye dolması	stuffed mussels
Midye tavası	potted fried mussels
Leblebi	salted baked chickpeas
Peynir	cheeses
Pastırma	dried beef cured with red pepper
Salatalar	salads
Sardelya	fresh sardines – usually grilled
Sardelya yaprakta	fresh sardines in vine leaves
Sucuk	beef sausage with spices and garlic
Tarama	salted fish roes
Tavuk	chicken
Tavuk ciğeri ezmesi	chicken liver purée
Taze salata	fresh salads

Turşular	variety of pickled vegetables including cucumber, green peppers, celery, tomatoes, onions, cabbage, celery, aubergines, cauliflower
Tuzlu badem	salted baked almonds
Uskumru	fresh small mackerel – usually grilled
Yoğurt	yogurt
Yoğurtlu biber	green peppers fried and dressed with yogurt sauce
Yoğurtlu kabak	small marrows fried and dressed with yogurt sauce
Yoğurtlu patlıcan	aubergines fried and dressed with yogurt sauce
Zeytin	olives
ÇORBALAR	SOUPS
Balık çorbası	fish soup
Bezelya çorbası	pea soup
Düğün çorbası	stock and vegetable soup
Çerkes çorbası	clear soup with vegetables
İrmik çorbası	semolina soup
İşkembe çorbası	tripe soup (usually served in special shops)

Köfteli çorba	soup with small rissoles
Mercimek çorbası	stock with red lentils
Midye çorbası	mussel soup with dressing
Pirinç çorbası	rice and chicken soup
Saray çorbası	bouillon with vegetables
Sebze çorbası	mixed vegetable soup
Şehriyeli et suyu	vermicelli soup
Tavuk çorbası	chicken soup
Tarhana çorbası	crushed wheat and yogurt soup
Un çorbası	flour and stock soup
Yâyla çorbası	stock with yogurt and flour
Yoğurt çorbası	yogurt soup
Yumurtalı çorba	soup with beaten eggs

BALIKLAR[1]	**FISH**
Alabalık ızgasarı	grilled trout
Barbunya ızgarası	grilled red mullet
Barbunya kızartılmış	fried red mullet
Barbunya pilâkisi	dressed red mullet, served cold
Dil balığı	sole

1. Fish are mostly caught in the region of Istanbul and in the Black Sea. The main seasons are spring and autumn, although fish is available throughout the year. Young fish are usually served grilled.

Hamsi	(fresh) anchovy
Istakoz	lobster
Kalkan balığı	turbot
Karides	prawns, served dressed
Karides tavası	prawns fried in batter
Kefal	grey mullet, served cold or fried
Kılıç balığı ızgara	grilled swordfish
Kılıç balığı şişte	swordfish kebab on skewer
Lâkerda	salted tunny
Lüfer	blue fish
Mercan ızgarası	grilled bream
Mersin balığı	sturgeon
Midye dolması	stuffed mussels
Midye pilâkisi	mussels stewed with vegetables
Midye tavası	mussels fried in batter
Papaz yahnisi	fish stew with vegetables
Palamut ızgarası	grilled bonito (tunny)
Sazan	carp
Tarak balığı	scallops
Torik	grilled or fried bonito (tunny)
Uskumru	small mackerel stuffed or grilled

KEBABLAR VE ETLER[1]	KEBABS AND MEATS
Bahçıvan kebabı	casseroled kebab
Cızbız	grilled minced meat rissoles
Ciğer	fried liver
Dil	tongue
Döner kebab	kebab cooked on a large turning spit
Dana buğu kebabı	steamed veal
Dana kızartması	pot-roast veal
Dana patlıcan kebabı	veal kebab with aubergines
Düğün kızartması	lamb sauté with vegetables
Kağıt kebabı	lamb wrapped in paper and roasted
Kadın budu	rissoles with rice
Köfte	meat rissoles prepared in different ways
Kuş başı	small pieces of casseroled meat
Kuzu başı	baked lamb's head
Kuzu haşlaması	steamed lamb
Kuzu güveci	lamb casserole

1. A large variety of kebabs are made in Turkey, and their preparation and names may vary according to the regions. Lamb and veal are the most widely used meats; some beef is found, but pork is forbidden for religious reasons, although it may occasionally be served to tourists.

Kuzu patlıcan kebabı	lamb roasted with aubergine
Pirzola	grilled and dressed lamb chops
Sahan köftesi	casseroled meat rissoles with vegetables
Şiş kebab	skewered lamb meat
Söğüş	cold meat
Talaş kebabı	a kind of meat pie
Tas kebabı	casseroled lamb or beef
Yoğurtlu kebab	kebab served with yogurt sauce

ETLI YEMEKLER	**MEAT AND VEGETABLE DISHES**
Biber dolması	stuffed green peppers
Domates dolması	stuffed tomatoes
Havuç dolması	stuffed carrots
Kabak dolması	stuffed marrows
Karnı yarık	aubergines stuffed with meat, garlic and onions
Lahana dolması	cabbage leaves stuffed with meat and rice
Musakka	mousaka
Patlıcan dolması	stuffed aubergines
Soğan dolması	stuffed onions
Yaprak dolması	stuffed vine leaves

SEBZELER VE SALATALAR	VEGETABLES AND SALADS
Ayşe kadın	
Barbunya	various types of dried beans
Çalı	cooked with olive oil and
Fasulya piyaz	served hot or cold
Fasulya pilâki	
Fasulya salatası	
Bakla	broad beans
Bamya	okra
Bezelya	peas
Biber kızartması	fried green peppers
Biber dolması	green peppers stuffed with rice
Böyrülce	a kind of small bean served with olive oil
Enginar zeytinyağlı	artichokes with olive oil
Havuç	carrots
Hıyar	cucumber
Hünkâr beğendi	stewed aubergines with cheese
İmam bayıldı	aubergines with olive oil and seasoning
Ispanak	spinach
Karnabahar	cauliflower
Kireviz	celery
Kuru bakla	dried broad beans served with olive oil

Kuşkonmaz	asparagus
Lahana salatası	cabbage salad
Mantar	mushrooms
Marul	cos lettuce
Mercimek	lentils cooked with olive oil
Nohut	stewed chick peas
Pancar	beet root
Patates	potatoes
Patlıcan kızartması	fried aubergines
Patlıcan salatası	grilled and mashed aubergine salad
Patlıcan tavası (yoğurtlu)	stewed aubergine (with yogurt)
Pirinç	rice
Prasa	leeks
Sarmısak	garlic
Soğan	onions
Taze fasulya	green beans
Taze soğan	spring onions
Tomates	tomatoes
Türlü	mixed vegetables
Turp	radishes
Yaprak dolması	stuffed vine leaves

PİLÂVLAR	RICE AND GRAIN DISHES
Bulgur pilâvı	crushed wheat cooked with olive oil
Domatesli pilâv	rice with tomatoes
İç pilâv	rice with liver and currants
Kuzulu pilâv	rice with lamb
Mercimekli pilâv	rice with lentils
Şehriyeli pilâv	rice with vermicelli
Tavuklu pilâv	rice with chicken

TAVUK VE AV YEMEKLERİ	POULTRY AND GAME
Bıldırcın	quails
Çerkes tavuğu	chicken with walnuts and seasoning
Çulluk kızartması	woodcock seasoned with garlic
Hindi dolması	turkey stuffed with rice and nuts
Piliçli bamya	chicken with okra
Piliç dolması	stuffed chicken
Piliç güveci	casseroled chicken
Sebzeli tavuk	casseroled chicken with vegetables
Tavuk kiyefski	chicken kiev
Ördek	casseroled wild duck

YUMURTALAR   EGGS

Eggs are poached, fried or made into omelettes cooked in different
ways with onions, tomatoes, minced meat, yogurt, etc.

BÖRKELER   TURKISH PIES

There is a wide variety of savoury pies made of layers of very thin
pastry cooked with cheese, eggs or meat.

Boğaca	savoury pies
Kıymalı börek	pie with minced meat
Puf böreği ⎫	
Su böreği ⎬	varieties of böreks
Tepsi böreği ⎭	

TATLILAR   SWEET PASTRIES AND
                                        PUDDINGS

Aşure	pudding made of a variety of dried grains
Baklava	sweet pastry with nuts
Dilber dudağı	pastry with nuts
Dondurmalar	ice cream
Ekmek kadayifi	sweet pastry with clotted cream
Güllaç	rice paper stuffed with nuts
İrmik helvası	semolina pudding with almonds

Kazan dibi	rice pudding which is slightly burnt
Kadın göbeği	pastry with nuts
Keşkül	rice pudding with nuts
Lokma	fried sweet pastry
Mahallebi	rice-flour pudding
Revani	sweet semolina pastry
Sütlaç	Turkish rice pudding
Tel kadayifi	sort of shredded pastry with nuts
Tulumba tatlısı	semolina doughnut in syrup
Yoğurt tatlısı	milky pudding in syrup

MEYVELER VE KOMPOSTOLAR FRUITS AND COMPÔTES

Ananas	pineapple
Armut	pears
Ayva	quince
Çilek	strawberries
Elma	apples
Erik	plums
İncir	figs
Karpuz	water melon
Kavun	melon

Kayısı	apricot
Kiraz	cherries
Limon	lemon
Mandalina	tangerine
Muz	banana
Nar	pomegranate
Portokal	orange
Şeftali	peach
Turunc	seville orange
Vişne	black cherries

In Turkey a number of fruits are used in making jams which might be served before coffee during social visits. The syrup is usually runny and fruit kept whole.

İÇKİLER VE MEYVE SULARI	DRINKS AND FRUIT JUICES
Armut suyu	pear juice
Ayran	cool yogurt drink
Bira	Lager-style beer served chilled
Boza	fermented hot corn drink
Çilek suyu	strawberry juice
Domates suyu	tomato juice
Elma suyu	apple juice

Kanyak	Turkish brandy
Kahve	Turkish coffee is served in small cups and sweetened to taste before serving: when ordering coffee, tell the waiter the degree of sweetness wanted. These are: *sade* (without sugar), *orta* (medium sweet), and *tatlı* (sweet). If very sweet coffee is wanted ask for *çok şekerli* or *çok tatlı*.
Kayısı suyu	apricot juice
Likörler	liqueurs
Limonata	lemonade
Mandalina suyu	tangerine juice
Portokal suyu	orange juice
Rakı	aniseed-based drink, similar to ouzo
Şaraplar	wine
Beyaz şarap	white wine
Kırmızı şarap	red wine
Sek şarap	dry wine
Tatlı şarap	sweet wine
Şeftali suyu	peach juice
Şıra	grape juice

Vişne suyu	black cherry juice
Votka	vodka – locally made

SOME COOKING METHODS

Az kızartılmış	rare
Haşlama	steamed or boiled
Izgara	grilled
İyi kızartılmış	well done
Kaymaklı	with cream
Kavrulmuş	fried
Kebab	roasted meat or meat cooked on a skewer
Kızartılmış	fried
Orta kızartılmış	medium
Rafadan	soft boiled egg
Salçalı	with tomato or other sauce
Tava	casseroled meats or vegetables
Yahni	stewed
Yumurtalı	with egg or in egg batter

SHOPPING

Where to go

Where are the best department stores?	En iyi mağazalar nerede?
Where is the market?	Pazar yeri nerede?
Is there a market every day?	Her gün pazar var mı?
Where's the nearest chemist?	En yakın eczacı nerede?
Can you recommend a hairdresser/ barber?	Bir kuvaför/berber tavsiye edebilir misiniz?
Baker	Fırıncı/ekmekçi
Butcher	Kasap
Dairy	Sütçü dükkânı
Dry cleaner	Elbise temizleyicisi
Fishmonger	Balıkçı dükkânı
Grocer	Bakkal
Greengrocer	Manav
Laundry	Çamaşırcı
Newsagent	Gazete bayii/gazete satıcısı
Stationer	Kâğıt ve kırtasiye dükkânı
Tobacconist	Tütüncü
Where can I buy . . . ?	. . . nerede satın alabilirim?

| When do the shops open/close? | Dükkânlar ne zaman açılır?/ kapanır? |

In the shop

Self service	* Self servis
Sale (clearance)	* Ucuz satış
Cash desk	* Kasa/vezne
Shop assistant	Satıcı
Manager	Müdür/manejer
Can I help you?	* Size yardım edebiliri miyim?
I want to buy ...	... almak isterim
Do you sell ... ?	... satar mısınız?
I just want to look around	Yalnız dükkânı görmek isterim
I don't want to buy anything now	Şimdilik bir şey almak istemem
You'll find them at that counter	* Onları şu tezgâhta bulursunuz
We've sold out but we'll have more tomorrow	* Hepsini sattık, ama yarın gene olacak
Will you take it with you?	* Beraber götürecek misiniz?
Please send them to this address/ X hotel	Lütfen şu adrese gönderin/X oteline gönderin

Choosing

What colour do you want?	* Hangi rengi istiyorsunuz?
I like this one	Bunu beğendim
I prefer that one	Şunu tercih ederim
I don't like this colour	Bu rengi beğenmedim
Have you a green one?	Yeşil renkte olanı var mı?
Do you have one in a different colour?	Başka renkte olandan var mı?
I'd like another	Başka istiyorum
What size?[1]	* Hangi ölçüde?
It's too big/tight	Büyüktür/dardır
Have you a larger/smaller one?	Daha büyük/daha küçük olanı var mı?
What size is this?	Bunun ölçüsü nedir?
I want size . . .	. . . ölçü olanı istiyorum
The English/American size is . . .	İngiliz/Amerikan ölçüsü . . . dir
My collar size is . . .	Yaka ölçüm . . . dir
My chest measurement is . . .	Göğüs ölçüm . . . dir
My waist measurement is . . .	Bel ölçüm . . . dir

1. See p. 89 for table of continental sizes.

What's it made of?	Kumaşı nedir?
For how long is it guaranteed?	Garantisi ne kadar zamandır?

Complaints

I want to see the manager	Müdürü/manejeri görmek istiyorum
I bought this yesterday	Bunu dün satın aldım
It doesn't work	Çalışmayor
This is dirty/stained/torn/broken/ cracked	Bu kirlidir/lekelidir/yırtıktır/ kırıktır/çatlaktır
Will you change it please?	Lütfen değiştirir misiniz?
Will you refund my money?	Paramı iade eder misiniz?

Paying

How much is this?	Bu kaçadır?
That's 3 lira please	* Fiyati üç liradır
They are 1 lira each	* Danesi bir liradır
It's too expensive	Çok pahalıdır

Don't you have anything cheaper?	Daha ucuz olanı var mı?
Will you take English/American currency?	İngiliz/Amerikan parası alır mısınız?
Do you take travellers' cheques?	Seyahat çeki alır mısınız?
Please pay the cashier	* Kasada/veznede ödeyiniz lütfen
May I have a receipt, please?	Lütfen bir makbuz verir misiniz?
You've given me too little/too much change	Eksik verdiniz/fazla verdiniz

Clothes and shoes[1]

I want a hat/sunhat	Bir şapka/güneş şapkası almak istiyorum
I'd like a pair of gloves	Bir çift eldiven istiyorum
May I see some dresses, please?	Birkaç elbise görebilir miyim, lütfen?
I like the one in the window	Vitrindekini beğendim
May I try this?	Bunu deneyebilir miyim?
That's smart	Bu güzeldir
It doesn't fit me	Bana uymuyor

1. For sizes see pp. 89–90.

I don't like the style	Stilini beğenmedim
Where's the coat department?	Palto kısmı nerededir?
The men's department is on the second floor	* Erkek elbisesi kısmı ikinci kattadır
I want a short/long sleeved shirt, collar size . . .	Kısa kollu/uzun kollu bir gömlek istiyorum; yaka ölçüsü . . .
A pair of grey wool socks, please, size . . .	Bir çift kurşuni yün çorap lütfen, . . . ölçüde
I need a pair of walking shoes	Bir çift yürüyüş potini istiyorum
I need a pair of beach sandals/ black shoes	Bir çift pilâj sandalı/siyah ayakkabı isterim
These heels are too high/low too	Bu ökçeler çok yüksek/çok alçak

Clothing sizes

WOMEN'S DRESSES, ETC.

British	32	34	36	38	40	42	44
American	10	12	14	16	18	20	22
Continental	30	32	34	36	38	40	42

MEN'S SUITS

British and American	36	38	40	42	44	46
Continental	46	48	50	52	54	56

MEN'S SHIRTS

British and American	14	14½	15	15½	16	16½	17
Continental	36	37	38	39	41	42	43

STOCKINGS

British and American	8	8½	9	9½	10	10½	11
Continental	0	1	2	3	4	5	6

SOCKS

British and American	9½	10	10½	11	11½
Continental	38–39	39–40	40–41	41–42	42–43

SHOES

British	1	2	3	4	5	6	7	8	9	10	11	12
American	2½	3½	4½	5½	6½	7½	8½	9½	10½	11½	12½	13½
Continental	33	34–5	36	37	38	39–40	41	42	43	44	45	46

This table is only intended as a rough guide since sizes vary from manufacturer to manufacturer.

Chemist[1]

Can you prepare this prescription for me, please?	Benim için bu reçeteyi yapabilir misiniz?
Have you a small first-aid kit?	Küçük hacimde bir ilk yardım takımı var mı?
A bottle of aspirin, please	Bir şişe aspirin, lütfen
A tin of adhesive plaster	Lütfen bir paket yapışkan sargı
Can you suggest something for indigestion/constipation/diarrhoea?	Hazımsızlık/inkibaz/ishal için bir şey tavsiye edebilir misiniz?
I want something for insect bites	Haşere ısırması için bir ilâç istiyorum
Can you give me something for sunburn?	Güneş yakması için bir şey verebilir misiniz?
I want some throat/cough lozenges	Boğaz/öksürük ilâcı/pastili istiyorum

Toilet requisites

A packet of razor blades, please	Lütfen bir paket tıraş bıçağı

1. See also AT THE DOCTOR'S, p. 110

Have you an after-shave lotion?	Tıraş sonrası losyonu var mı?
How much is this lotion?	Bu losyon kaçadır?
A tube of toothpaste, please	Lütfen bir tüp diş macunu
Give me a box of paper handkerchiefs, please	Lütfen bir kutu kâğıt mendil veriniz
I want some eau-de-cologne/perfume	Biraz kolonya/perfüm istiyorum
What kinds of soap have you?	Ne çeşit sabun var?
A bottle/tube of shampoo, please, for dry/greasy hair	Bir şişe/bir tüp şampu lütfen; kuru saç/yağlı saç için

Photography

I want to buy a (ciné) camera	Bir sinekamera/bir kamera almak istiyorum
Have you a film for this camera?	Bu kamera için filim var mı?
Can I have a 35 mm. colour film with 20/36 exposures?	Otuz beş milimetrelik yirmi/otuzaltı, renkli bir filim satın alabilir miyim?
Would you fit the film in the camera for me, please?	Lütfen filmi kameraya koyabilir misiniz?
How much is it?	Kaçadır?

Does the price include processing?	Bu fiyata developman ücreti dahil mi?
I'd like this film developed and printed	Bu filmi develope ediniz ve fotoğrafları çıkarınız
Please enlarge this negative	Lütfen bu negatifi büyültünüz
When will it be ready?	Ne zaman hazır olacak?
My camera's not working, can you mend it?	Kameram calışmayor, tamir edebilir misiniz?
The film is jammed	Filim takıldı, dönmüyor

Food [1]

Give me a kilo/half a kilo of . . . , please	Lütfen bir kilo/yarım kilo . . . verin
100 grammes of sweets/chocolate, please	Yüz gram şekerleme/çikolata, lütfen
A bottle /litre of milk/wine/beer	Bir şişe/bir litre süt/şarap/bira
It there anything back on the bottle?	Şişeyi iade edersem ne verirsiniz?
I want a jar/tin/packet of . . .	Bir kavanoz/teneke/paket . . . istiyorum

1. See also RESTAURANT, p. 61 and WEIGHTS AND MEASURES, p. 124.

Do you sell frozen foods?	Donmuş yiyecek satar mısınız?
These pears are too hard	Bu armutlar çok katı
Is it fresh?	Taze mi?
Are they ripe?	Olgun mu?
This is bad/stale	Bu fenadır/bayattır
A loaf of bread, please	Bir somun ekmek
How much a kilo/a litre?	Kilosu/litresi kaçadır?

Tobacconist

Do you stock English/American cigarettes?	İngiliz/Amerikan sigarası satar mısınız?
What English cigarettes have you?	Hangi İngiliz sigarası satar sınız?
A packet of . . . , please	Bir paket . . . lütfen
I want some filter-tip cigarettes/ cigarettes without filter	Filtreli sigara isterim/filtresiz sigara isterim
A box of large/small cigars	Bir kutu büyük/küçük puro isterim
A box of matches, please	Bir kutu kibrit, lütfen
I want to buy a lighter	Bir çakmak almak isterim
Do you sell lighter fuel?	Çakmak yakıtı satar mısınız?

I want a gas refill for this lighter

Bu çakmak için bir tüp gaz isterim

Newspapers, books, writing materials

Do you sell English/American newspapers?

İngiliz/Amerikan gazeteleri satar mısınız?

Can you get this magazine for me?

Benim için bu magazinden tedarik edebilir misiniz?

Where can I get the ... ?

... nereden alabilirim?

I want a map of the city

Şehrin haritasını satın almak istiyorum

Do you have any English books?

İngilizce kitap satar mısınız?

I want some colour/black and white postcards

Renkli/siyah-beyaz kart postal isterim

Laundry, cleaning and mending

I want to have these things washed/cleaned

Bunları yıkatmak/temizletmek istiyorum

These stains won't come out

Bu lekeler çıkmıyor

It only needs to be pressed	Sadece ütü yapmak lâzımdır
This is torn, can you mend it?	Bu yırtıldı; tamir edebilir misiniz?
Do you do invisible mending?	Görünmez dikişli tamir yapar mısınız?
There's a button missing	Bir düğme kayboldu
Can you sew on a button here, please?	Lütfen buraya bir düğme diker misiniz?
Can you put in a new zip please?	Yeni bir fermuar koyabilir misiniz?
When will they be ready?	Ne zaman hazır olacak?
I need them by this evening/ tomorrow	Bu akşama/yarına lâzımdır
Call back at 5 o'clock	* Saat beşde geliniz
We can do it by Tuesday	* Salıya kadar bitiririz
It will take three days	* Üç gün alacak

Repairs

SHOES

| I want these shoes soled with leather | Bu ayakkabıların altına gön pençe istiyorum |

Can you heel these shoes with rubber? — Bu ayakkabına lâstik ökçe/topuk koyabilir misiniz?

Can you put on new heels? — Yeni ökçe/topuk koyabilir misiniz?

Can you do them while I wait? — Ben beklerken yapabilir misiniz?

When should I pick them up? — Ne vakit hazır olacak?

Watch/jewellery

Can you repair this watch? — Bu saatı tamir edebilir misiniz?

I've broken the strap — Kayışı koptu

The fastener is broken — Tokası kırıldı

The stone is loose — Taş kımıldıyor/sallanıyor

How much will it cost? — Kaça olacak?

It can't be repaired — * Tamir edilemez

You need a new one — * Bir yenisini almanız lâzımdır

BARBER AND HAIRDRESSER

May I make an appointment for tomorrow/this afternoon?	Yarın için/öğleden sonra için bir randevu alabilir miyim?
What time?	Ne vakit?
I want my hair cut/trimmed	Saçımı kesiniz/tanzim ediniz
Not too short at the sides	Yanları çok kısa kesmeyin
I'll have it shorter at the back, please	Arkayı daha kısa kesiniz, lütfen
I want a shampoo	Şampu yaptırmak isterim
I want my hair washed and set	Saçımı yıkayın ve mizanple yapınız
Please set it without rollers/on large/small rollers	Lütfen rulosuz mizanple yapınız; büyük/küçük rulo koyunuz
Have you any lacquer?	Lâker var mı?
The water is too cold	Su çok sıcaktır
The dryer is too hot	Kurutma makinesi çok sıcaktır
Thank you, I like it very much	Mersi/Teşekkür ederim, çok iyidir
I want a shave/manicure	Bir tıraş isterim/manikür isterim

POST OFFICE [1]

Where's the main post office?	Merkezi postahane nerededir?
Where's the nearest post office?	En yakın postahane nerededir?
What time does the post office close?	Postahane ne vakit kapanır?
Where's the post box?	Posta kutusu nerededir?

Letters and telegrams

How much is a letter/postcard to England?	İngiltereye mektup/kart postal kaçadır?
What's the airmail/surface mail to the USA?	Amerikaya hava yolu ile/adi posta ile mektup kaça gider?
It's inland	Dahili postadır
Give me three 1 lira stamps, please	Lütfen üç dane bir liralık pul verin
I want to send this letter express	Bu mektubu ekspres göndermek isterim
I want to register this letter	Bu mektubu taahhütlü yollamak isterim
Two airmail forms, please	İki hava yolu kâğıdı lütfen
Where is the poste restante section?	Post-restan kısmı nerededir?

1. Stamps are on sale in some stationery shops, hotels and tobacconists.

Are there any letters for me?	Benim için mektup var mı?
What is your name?	* Adınız/İsminiz nedir?
Have you any means of identification?	* Hüviyet/kimlik kağıdınız var mı?
I want to send a reply paid/ overnight telegram	Cevabı ödenmiş/gece telgrafı yollamak isterim
How much does it cost per word?	Her kelime kaçadır?/Kelimesi kaçadır?
Write the message here and your own name and address	* Telgraf mesajınızı, adınızı ve adresinizi buraya yazın

Telephoning[1]

Where's the nearest phone box?	En yakın telefon nerededir?
I want to make a phone call	Telefon etmek istiyorum
Please get me . . .	Lütfen bana . . . alınız
I want to telephone to England	İngiltereye telefon etmek isterim
I want to make a personal call	Zata mahsus telefon yapmak isterim
I want to reverse the charges	Ücreti çaldığım numara ödeyecek
I want extension 43	Kırk üç numaralı bağlantıyı istiyorum

1. In Turkey local telephone calls can be made from hotels, cafés and call-boxes in post offices. Long-distance calls can be made from post offices and hotels.

May I speak to . . .	. . . ile konuşabilir miyim?
Who's speaking?	* Kim konuşuyor?
Hold the line, please	* Lütfen hattı açık tutunuz
He's not here	* Burada değildir
He's at . . .	* . . . dadır/ . . . dedir
When will he be back?	Ne zaman gelecek?
Will you take a message?	Bir haber bırakabilir miyim?
Tell him that X phoned	Kendisine söyleyin . . . telefon etti
Please ask him to phone me	Lütfen kendine söyle bana telefon etsin
What's your number?	* Numaranız nedir?
My number is . . .	Numaram . . . dir
I can't hear you	Sizi işitmiyorum
The line is engaged	* Hat meşguldur
There's no reply	* Cevap yok
You have the wrong number	* Yanlış numara aldınız

SIGHTSEEING[1]

What is there to see here?	Burada görülecek ne var?
What's this building?	Bu bina nedir?
Which is the oldest building in the city?	Bu şehirde en eski bina hangisi?
When was it built?	Ne zaman inşa edildi?
Who built it?	Mimarı kimdir?/Kim inşa etti?
What's the name of this mosque?	Bu caminin adı nedir?
What time is the service at this mosque?	Camide ibadet vakti ne zaman?
Is there a protestant church/synagogue?	Bir protestan kilisesi/sinagog var mı?
Is this the folk museum?	Burası folklor müzesi mi?
When is the museum open?	Müze ne vakit açılır?
Is it open on Sundays?[2]	Pazar günleri açık mı?
The museum is closed on Mondays	* Müze pazartesi günü kapalıdır
Admission free	* Giriş serbesttir
How much is it to go in?	Giriş ücreti nedir?/Duhuliye kaçadır?
Have you a ticket?	* Biletiniz var mı?
Where do I get tickets?	Biletleri nereden alabilirim?

1. See also TRAVEL (Bus or Coach) p. 41, and DIRECTIONS, p. 43.
2. Museums are usually open on Sundays, but check exact times at the local *turizm bürosu*.

Please leave your bag in the cloakroom	* Lütfen çantanızı vestiyere bırakın
It's over there	* Oradadır
Can I take pictures?[1]	Fotoğraf çekebilir miyim?
Cameras are prohibited	* Kamera yasaktır/fotoğraf çekmek yasaktır
Follow the guide	* Kılavuzu takip ediniz
Does the guide speak English?	Kılavuz İngilizce bilir mi?
I don't need a guide	Kılavuz istemem
Where is the . . . collection/ exhibition?	. . . kolleksiyonu/sergisi nerededir?
Where can I get a catalogue?	Bir katalog nereden alırım?
Where can I get a map/guide book of the city?	Şehrin haritasını/kılavuz kitabını nereden alabilirim?
Is this the way to the zoo?	Hayvanat bahçesine giden yol bu mu?
Which bus goes to the castle?	Hangi otobüs kaleye gider?
How do I get to the park?	Parka nasıl giderim?
Can we walk there?	Oraya yürüyerek gidebilir miyim?

1. You are not usually allowed to take photographs in museums or historic buildings in Turkey.

ENTERTAINMENT

What's on at the theatre/cinema?[1]	Tiyatroda/sinemada ne var?
Is there a concert on this evening?	Bu akşam konser var mı?
I want two seats for tonight/the matinée tomorrow	Bu akşam için/yarınki matine için iki yer isterim
I want to book seats for Thursday	Perşembe için yer tutmak isterim
Where are these seats?	Bu yerler nerededir?
What time does the performance start?	Temsil ne zaman başlar?
What time does it end?	Saat kaçta biter?
A programme, please	Bir program, lütfen
Where are the best nightclubs?[2]	En iyi gazinolar nerededir?
What time is the floorshow?	Gazino temsilleri ne vakit başlar?
May I have this dance?	Bu dansa benimle beraber kalkar mısınız?
Is there a discotheque here?	Burada diskotek var mı?

1. Most theatres start at 21.00 and have different closing days. They are usually open on Sundays and have matinée performances one day of the week – as a rule at weekends.
2. Night clubs are usually called *gazino* or *bar*.

SPORTS AND GAMES

Where is the stadium?	Stadyum nerededir?
Are there still any seats in the grandstand?	Merkez tribününde yer kaldı mı?
How much are they?	Oraya giriş biletleri kaçadır?
Which are the cheapest seats?	En ucuz yerler hangileri?
Are the seats in the sun/shade?	Yerler güneşte mi/gölgede mi?
We want to go to the football/tennis match	Futbola/tenise gitmek isteriz
Who's playing?	Kim oynuyor?
When does it start?	Ne vakit başlar?
Who's winning?	Kim kazanıyor?
Where's the race course?	At koşuları nerededir?
Do you like hunting?	Avlanmaktan hoşlanır mısınız?
I'd like to go riding	Atla gezmek istiyorum

ON THE BEACH

Which is the best beach?	En iyi pilâjlar hangilerdir?
Is there a quiet beach near here?	Buralarda sâkin/tenha bir pilâj var mı?
Is it far to walk?	Yürüyerek uzak mı?
Is there a bus to the beach?	Pilaja giden otobüs var mı?
Is the beach sandy or rocky?	Pilaj kumlu mu kayalı mı?
Is it dangerous to bathe here?	Burada yıkanmak tehlikeli mi?
Bathing prohibited	* Denize girmek yasaktır
There's a strong current here	* Burada kuvvetli cereyan var
Are you a strong swimmer?	İyi yüzücü müsünüz?
Is it deep?	Burası derin mi?
Is the water cold/warm?	Su soğuk mu/ılık mı?
Can one swim in the lake/river?	Gölde/nehirde yüzülür mü?
Is there an indoor/outdoor swimming pool?	İçeride/dışarıda yüzme havuzu var mı?
Is it salt or fresh water?	Tuzlu su mu tatlı su mu?
Are there showers?	Duş var mı?
I want to hire a cabin	Bir kabin/kulube kiralamak isterim
I want to hire a deckchair/ sunshade	Bir şezlong/gölgelik kiralamak isterim
Can we water-ski here?	Burada su kayağı yapabilir miyiz?
Can we hire the equipment?	Levazımatı kiralayabilir miyiz?

Where's the harbour?

Can we go out in a fishing boat?

We want to go fishing

Is there any underwater fishing?

Boats for hire

Can I hire a rowing boat/motor boat?

What does it cost by the hour?

Liman nerededir?

Burada kayıkla balık avlanır mı?

Balık avlamak isteriz

Deniz altında balık avlanır mı?

* Kiralık kayıklar/Kiralık sandallar

Bir kürekli sandal/motörlü kayık kiralayabilir miyim?

Saatı kaçadır?

CAMPING AND WALKING[1]

Is there a youth hostel here?[2]	Burada bir gençlik kampı var mı?
How far is the next village?	Bundan sonraki köy ne kadar uzaktır?
Is there a footpath to . . . ?	. . . a patika/yaya yolu var mı?
Is there a short cut?	Kestirme yol var mı?
It's an hour's walk to . . .	* Yürüyerek . . . a bir saatta gidilir
Is there a camping site near here?	Buralarda bir kamp yeri var mı?
Is this an authorised camp site?	Burası lisanslı kamp yeri mi?
Is there drinking water?	İçme suyu var mı?
Are sanitary arrangements/ showers provided?	Sıhhi tertibat/duş tertibatı var mı?
May we camp here?	Burada kamp yapabilir miyiz?
Can we hire a tent?	Bir çadır kiralayabilir miyiz?
Can we park our caravan here?	Karavanımızı burada park yapabilir miyiz?
Is this drinking water?	Bu su içilir mi?
Where are the shops?	Dükkânlar nerede?

1. See also DIRECTIONS, p. 43.
2. Youth hostels, called *gençlik kampi* are usually summer camps for students which provide accommodation by arrangement. Information on authorized camping sites and motels can be obtained from *turism büro* of the town or area.

Where can I buy paraffin/butane gas?	Gazyağı/butan gazı nereden alabilirim?
May we light a fire?	Ateş yakabilir miyiz?
Where do I get rid of rubbish?	Çöpleri nereye atayım?

AT THE DOCTOR'S[1]

I must see a doctor; can you recommend one?	Bir doktora görünmeliyim; bir doktor tavsiye edebilir misiniz?
Please call a doctor	Lüften bir doktor çağırın
I've a pain in my right arm	Sağ kolumda bir sızı var
My wrist hurts	Bileğim acıyor
I think I've sprained/broken my ankle	Ayak bileğim burkuldu/ayak bileğim kırıldı sanırım
I fell down and hurt my back	Yere düştüm, arkam acıyor
My foot is swollen	Ayağım şişti
I've burned/cut/bruised myself	Yandım/kendimi kestim/berelendim
My stomach is upset	Midem bozuk
I have indigestion	Hazımsızlık hissediyorum
My appetite's gone	İştahım yok
I think I've got food poisoning	Sanırım yemekten zehirlendim
I can't eat/sleep	Bir şey yiyemem/uyuyamam
I am a diabetic	Şeker hastalığım var
My nose keeps bleeding	Burnum kanıyor
I have earache	Kulağım ağrıyor
I have difficulty in breathing	Nefes almakta güçlük çekiyorum

1. There are partly socialized medical services in Turkey and state hospitals. British citizens may make use of these services free of charge.

I feel dizzy	Başım dönüyör/bunaltım var
I feel sick	Midem bulanıyor/Yüreğim karışıyor
I keep vomiting	Devamlı kusuyorum
I have a temperature/fever	Ateşim var
I think I've caught 'flu	Sanırım gripe tutuldum
I've got a cold	Üşüttüm/soğuk aldım
I've had it since yesterday/for a few hours	Dünden beri/bir kaç saattır böyledir
You're hurting me	Beni acıtıyorsunuz
Must I stay in bed?	Yatakta kalmalı mıyım?
Will you call again?	Gene gelecek misiniz?
How much do I owe you?	Size borcum nedir?
When can I travel again?	Ne zaman seyata çıkabilirim?
I feel better now	Şimdi daha iyiyim
Where does it hurt?	* Neresi acıyor?
Have you a pain here?	* Burada sızı var mı?
How long have you had the pain?	* Ne kadar zamandır sızı var?
Open your mouth	* Ağzınızı açın
Put out your tongue	* Dilinizi çıkarın
Breathe in/out	* Nefes al/nefes ver
Does that hurt?	* Sızlıyor mu?
A lot/a little?	* Çok/biraz

Please lie down	* Lütfen yatın
Take these pills/medicine	* Bu hapları/bu ilâcı iç
Take this prescription to the chemist's	* Bu reçeteyi eczacıya götürün
Take this three times a day	* Günde üç defa bundan alın
I'll give you an injection	* Bir enjeksiyon yapacağım
Roll up your sleeve	* Kolunuzu sıvayın
You should stay on a diet for a few days	* Bir kaç gün perhiz yapmalısınız
Come and see me again in two days' time	* İki gün sonra gene gelin beni görün
Your leg must be X-rayed	* Bacağınızı röntgene koymalı
You must go to hospital	* Hastaneye gitmelisiniz
You must stay in bed	* Yataktan kalkmamalısınız

abscess	abse
anaesthetic	anestetik
appendicitis	apendisit/kör bağırsak
arthritis	arterit/mafsal iltihabi
constipation	inkibaz
diabetes	şeker hastalığı/diabetik
diarrhoea	ishal
earache	kulak ağrısı
false teeth	takma diş

fever	ateş/sıcaklık
filling (tooth)	diş doldurması
food poisoning	yemek zehirlenmesi
gum	damak
hay fever	saman nezlesi
heart	kalp
heart condition	kalp rahatsızlığı
infection	enfeksiyon/bulaşma
influenza	grip
injection	enjeksiyon/iğne
insomnia	uykusuzluk
kidney	böbrek
liver	karaciğer
lung	akciğer
muscle	adale/kas
nerve	sinir
pain	sızı/ağrı/acıma
rheumatism	romatizma
sore throat	boğaz tutukluğu/boğaz ağrısı
stomach ache	mide ağrısı
temperature	ateş/hararet
thermometer	termometre
tonsils	bademcikler

toothache	diş ağrısı
X-ray	röntgen

AT THE DENTIST'S

I must see a dentist	Bir diş doktoruna görünmeliyim
Can I make an appointment with the dentist?	Diş doktorundan bir randevu alabilir miyim?
As soon as possible	En erken zamanda
I have toothache	Dişim ağrıyor
This tooth hurts	Bu diş ağrıyor
I've lost a filling	Bir dolgu kaybettim
Can you fill it?	Doldurabilir misiniz?
Can you do it now?	Şimdi yapabilir misiniz?
Must you take the tooth out?	Dişi mutlaka çıkarmalı mısınız?
Please give me an injection first	Lütfen önce bir enjeksiyon yapınız
My gums are swollen/keep bleeding	Damaklarım şişti/damaklarım kanayor
I've broken my plate, can you repair it?	Takma damak kırıldı, tamir edebilir misiniz?
You're hurting me	Beni acıtıyorsunuz
How much do I owe you?	Size ne kadar borcum var?
When should I come again?	Tekrar ne vakit geleyim?
Please rinse your mouth	* Lütfen ağzınızı çalkalayın
I will X-ray your teeth	* Dişlerinizin röntgenini alacağım
You have an abscess	* Bir abse var
The nerve is exposed	* Sinir açıkta kaldı
This tooth will have to come out	* Bu dişi çıkarmak lâzımdır

PROBLEMS AND ACCIDENTS[1]

Where's the police station	Polis karakolu/polis dairesi nerededir?
Call the police	Polis çağır
Where is the British/American consulate?	İngiliz/Amerikan konsolosluğu nerededir?
Please let the consulate know	Lütfen konsolosluğa haber verin
My bag/wallet has been stolen	Çantam/cüzdanım çalındı
I found this in the street	Bunu sokakta buldum
I have lost my luggage/passport/travellers' cheques	Bagajlarımı/pasaportumu/seyahat çeklerimi kaybettim
I have missed my train	Treni kaçırdım
My luggage is on board	Bagajlarım vapurdadır/trendedir
Call a doctor	Bir doktor cağırın
Call an ambulance	Bir cankurtaran arabası/ambulans cağırın
There has been an accident	Bir kaza var/bir kaza oldu
He's badly hurt	Ağır yaralıdır

1. In Turkish cities and towns police duties are performed by *polis* or *polis memuru* Policemen are addressed as *polis* or *memur bey*. In the countryside police duties are carried out by the gendarmerie, called *jandarma* who are a branch of the armed forces and commanded by special officer corps. Traffic police, *trafik polisi*, patrol highways control traffic in cities and help drivers. If you are involved in an accident get in touch with a policeman or gendarme if in the country and try to get the names and addresses of witnesses. The green card insurance system applies to Turkey. In the event of any accident, whether there are injured persons or not, a police report must be obtained from a police officer or any other officer performing the duties of traffic policeman.

He has fainted	Bayıldı
He's losing blood	Kan kaybediyor
Please get some water/a blanket/ some bandages	Lütfen biraz su/bir battaniye/ biraz sargı bezi getiriniz
I've broken my glasses	Gözlüklerim kırıldı
I can't see	Göremeyorum
May I see your insurance policy? *	Sigorta poliçenizi görebilir miyim?
Apply to the insurance company *	Sigorta şirketine başvurun
I want a copy of the police report	Polis raporunun bir suretini istiyorum

TIME AND DATES

What time is it?	Saat kaçtır?
It's one o'clock	Saat birdir
2 o'clock	İkidir
midday	Öğle
midnight	Gece yarısı
five past eight	Sekizi beş geçiyor
half past four	Dört buçuk
quarter past five	Beşi çeyrek geçiyor
twenty to three	Üçe yirmi var
quarter to ten	Ona çeyrek var
It's early/late	Erkendir/geçtir
My watch is slow/fast/has stopped	Saatım geridir/ileridir/durdu
What time does it start/finish?	Ne zaman başlar/biter?
Are you staying long?	Çok kalacak mısınız?
I'm staying for two weeks/four days	İki hafta/dört hafta kalacağım
I've been here for a week	Bir haftadır buradayım
We're leaving on 5th January	Beş Ocakta gidiyoruz
We got here on 27th July	Buraya yirmi yedi Temmuzda geldik
What's the date today?	Bu günkü tarih nedir?
It's 9th December	Aralığın dokuzudur
Today	Bu gün

Yesterday	Dün
Tomorrow	Yarın
Day after tomorrow	Öbür gün
Day before yesterday	Evvelki gün
Day	Gün
Morning	Sabah
Afternoon	Öğleden sonra
Evening	Akşam
Night	Gece
This morning	Bu sabah
Yesterday afternoon	Dün öğleden sonra
Tomorrow evening	Yarın akşam
In the morning	Sabahleyin
In ten days' time	On gün sonra
On Tuesday	Salı gün
On Sundays	Pazar günleri
This week	Bu hafta
Last month	Geçen ay
Next year	Gelecek sene
Sunday	Pazar
Monday	Pazartesi
Tuesday	Salı
Wednesday	Çarşamba

Thursday	Perşembe
Friday	Cuma
Saturday	Cumartesi
January	Ocak
February	Şubat
March	Mart
April	Nisan
May	Mayıs
June	Haziran
July	Temmuz
August	Ağustos
September	Eylül
October	Ekim
November	Kasım
December	Aralık

PUBLIC HOLIDAYS

Moslem religious holidays:

Şeker bayramı
Kurban bayramı

Dates vary by about 10 days
every year because these are
fixed according to the lunar
calendar used by the Moslem
religious establishment.

National holidays:

1st January	New Year's Day
23rd April	National Sovereignty and Children's Day
1st May	Spring day
19th May	Youth Day
30th August	Victory Day
29th October	Republic Day
10th November	Atatürk Day

In addition, there are many days on which the liberation of a city or town or other anniversaries are celebrated locally.

NUMBERS

CARDINAL

0	sıfır	19	ondokuz
1	bir	20	yirmi
2	iki	21	yirmibir
3	üç	22	yirmiiki
4	dört	30	otuz
5	beş	31	otuzbir
6	altı	40	kırk
7	yedi	50	elli
8	sekiz	60	altmış
9	dokuz	70	yetmiş
10	on	80	seksen
11	onbir	90	doksan
12	oniki	100	yüz
13	onüç	101	yüzbir
14	ondört	200	iki yüz
15	onbeş	1,000	bin
16	onaltı	2,000	iki bin
17	onyedi	1,000,000	bir milyon
18	onsekiz		

ORDINAL

1st	birinci	19th	ondokuzuncu
2nd	ikinci	20th	yirminci
3rd	üçüncü	21st	yirmibirinci
4th	dördüncü	30th	otuzuncu
5th	beşinci	40th	kırkıncı
6th	altıncı	50th	ellinci
7th	yedinci	60th	altmışıncı
8th	sekizinci	70th	yetmişinci
9th	dokuzuncu	80th	sekseninci
10th	onuncu	90th	doksanıncı
11th	onbirinci	100th	yüzüncü
12th	onikinci		
13th	onüçüncü		
14th	ondördüncü	half	yarım
15th	onbeşinci	quarter	çeyrek
16th	onaltıncı	three quarters	üç çeyrek
17th	onyedinci	a third	üçte bir
18th	onsekizinci	two thirds	üçte iki

WEIGHTS AND MEASURES

Distance: kilometres – miles

km	miles or km	miles		km	miles or km	miles
1·6	1	0·6		14·5	9	5·6
3·2	2	1·2		16·1	10	6·2
4·8	3	1·9		32·2	20	12·4
6·4	4	2·5		40·2	25	15·3
8	5	3·1		80·5	50	31·1
9·7	6	3·7		160·9	100	62·1
11·3	7	4·4		804·7	500	310·7
12·9	8	5·0				

A rough way to convert from miles to km: divide by 5 and multiply by 8; from km to miles, divide by 8 and multiply by 5.

Length and height:
centimetres – inches

cm	ins. or cm	ins.		cm	ins. or cm	ins.
2·5	1	0·4		17·8	7	2·8
5·1	2	0·8		20	8	3·2
7·6	3	1·2		22·9	9	3·5
10·2	4	1·6		25·4	10	3·9
12·7	5	2·0		50·8	20	7·9
15·2	6	2·4		127	50	19·7

A rough way to convert from inches to cm: divide by 2 and multiply by 5; from cm to inches, divide by 5 and multiply by 2.

metres – feet

m	ft or m	ft		m	ft or m	ft
0·3	1	3·3		2·4	8	26·3
0·6	2	6·6		2·7	9	29·5
0·9	3	9·8		3	10	32·8
1·2	4	13·1		6·1	20	65·6
1·5	5	16·4		15·2	50	164
1·8	6	19·7		30·5	100	328·1
2·1	7	23				

A rough way to convert from ft to m.: divide by 10 and multiply by 3; from m to ft, divide by 3 and multiply by 10.

metres – yards

m	yds or m	yds		m	yds or m	yds
0·9	1	1·1		7·3	8	8·8
1·8	2	2·2		8·2	9	9·8
2·7	3	3·3		9·1	10	10·9
3·7	4	4·4		18·3	20	21·9
4·6	5	5·5		45·7	50	54·7
5·5	6	6·6		91·4	100	109·4
6·4	7	7·7		457·2	500	546·8

A rough way to convert from yds to m: subtract 10 per cent from the number of yds; from m to yds, add 10 per cent to the number of metres.

Liquid measures : litres – gallons

litres	galls. or litres	galls.		litres	galls. or litres	galls.
4·6	1	0·2		36·4	8	1·8
9·1	2	0·4		40·9	9	2·0
13·8	3	0·7		45·5	10	2·2
18·2	4	0·9		90·9	20	4·4
22·7	5	1·1		136·4	30	6·6
27·3	6	1·3		181·8	40	8·8
31·8	7	1·5		227·3	50	11

1 pint = 0·6 litre   1 litre = 1·8 pint

A rough way to convert from galls to litres: divide by 2 and multiply by 9; from litres to galls: divide by 9 and multiply by 2.

Weight : kilogrammes – pounds

kg	lb. or kg	lb.		kg	lb. or kg	lb.
0·5	1	2·2		3·2	7	15·4
0·9	2	4·4		3·6	8	17·6
1·4	3	6·6		4·1	9	19·8
1·8	4	8·8		4·5	10	22·1
2·3	5	11·0		9·1	20	44·1
2·7	6	13·2		22·7	50	110·2

A rough way to convert from lb. to kg: divide by 11 and multiply by 5; from kg to lb., divide by 5 and multiply by 11.

grammes – ounces

grammes	oz.	oz.	grammes
100	3·5	2	57·1
250	8·8	4	114·3
500	17·6	8	228·6
1,000 (1 kg.)	35	16 (1 lb.)	457·2

Temperature : centigrade – fahrenheit

centigrade °C	fahrenheit °F
0	32
5	41
10	50
20	68
30	86
40	104

A rough way to convert from °F to °C: deduct 32 and multiply by $\frac{5}{9}$; from °C to °F, multiply by $\frac{9}{5}$ and add 32.

VOCABULARY

A

a, an	bir	bir
about *near*	yakınında	yakynynda
about *concerning*	için, hakkında	eechin, hakkynda
above	üstünde/yukarısında	üstündeh/yookarysynda
abroad	hariçte	hareechteh
accept (to)	kabul etmek	kabool etmek
accident	kaza	kaza
ache	ağrı/sızı	aghry/syzy
acquaintance	tanıdık	tanydyk
across	ortasından	ortasyndan
add (to)	eklemek/ilâve etmek	eklemek/eeliave etmek
address	adres	address
advice	tavsiye	tavseeye
aeroplane	uçak	oochak
afraid (to be)	korkmak	korkmak
after	sonra	sonrah
afternoon	öğleden sonra	urghleden sonra
again	gene/yine	geneh/yeeneh
against	karşı	karshy
age	yaş	yash
agency	acentelik	ajentelik
agent	acente	ajenteh

ago	önce/evvel	urnjeh/evvel
agree (to)	mutabık olmak	mootabyk olmak
air	hava	hava
air-conditioning	klimatize	kleemateezeh
airline	hava yolu	hava yoloo
airmail	hava postası/ uçak postası	hava postasy/ oochak postasy
airport	hava alanı	hava alany
all	hepsi	hepsee
allergy	alerji	alergee
allow (to)	müsade etmek	müsade etmek
almost	hemen hemen	hemen hemen
alone	yalnız	yalnyz
alter (to)	değiştirmek	deghishtirmek
always	daima/her vakit	daeema/herr vakeet
ambulance	cankurtaran arabası	jankurtaran arabasy
America	Amerika	amerika
American	Amerikalı	amerikaly
amusing	hoş/eylenceli	hosh/eylenjelee
ancient	eski	eskee
and	ve	veh
angry	öfkeli/kızgın	urfkelee/kyzgyn
animal	hayvan	hivan

ankle	ayak bileği	ayak bileghee
another	başka	bashka
answer	cevap	jevap
answer (to)	cevap vermek	jevap vermek
antique	antike	antikeh
any	herhangi	herrhangi
anyone	herhangi birisi	herrhangi birisi
anything	herhangi bir şey	herrhangi bir shey
anywhere	herhangi bir yer	herrhangi bir yer
apartment	apartman	apartman
apologise (to)	özür dilemek	urzür deelemek
appetite	iştah/iştaha	eeshtah/eeshtaha
apple	elma	elma
appointment	randevu	randevoo
April	Nisan	neesan
architect	mimar	meemar
architecture	mimari/mimarlık	meemari/meemarlyk
arm	kol	kol
armchair	koltuk	koltook
arrange (to)	tertibat yapmak	terteebat yapmak
arrival	geliş	gelish
arrive (to)	gelmek	gelmek
art	sanat	sanat

art gallery	sanat galerisi	sanat gallerisi
artist	sanatçı	sanatchy
as	gibi	geebee
as much as	bu kadar	boo kadar
ashtray	sigara tablası	seegara tablasy
ask (to)	sormak	sormak
asleep	uykuda	ooykooda
aspirin	aspirin	aspirin
at	de/da	de/da
at last	nihayet	neehayet
at once	hemen	hemen
atmosphere	atmosfer/hava	atmospher/hava
attention	dikkat	dikkat
August	Ağustos	aghoostos
aunt	teyze/hala	teyzeh/hala
Australia	Avustralya	avoostralya
Australian	Avustralyalı	avoostralyaly
author	yazar/müellif	yazar/müelleef
autumn	son bahar	son bahar
available	var	var
awake	uyanık	ooyanyk
away	uzakta/burada yok	oozakta/boorada yok

B

baby	bebek	bebek
babysitter	çocuk bakıcısı	chojuk bakyjysy
back *body*	arka/sırt	arka/syrt
back (to be)	geri gelmek	geri gelmek
bad	fena	fena
bad *food*	bozuk yemek	bozook yemek
bag	çanta	chanta
balcony	balkon	balkon
ball *dance*	balo	balo
ball *sport*	top	top
ballpoint pen	tükenmez kalem	tükenmez kalem
ballet	bale	baleh
banana	muz	mooz
band *music*	bando	bando
bandage	sargı/pansıman	sargy/pansyman
bank	banka	banka
bar	bar	bar
barber	berber	berber
basket	sepet	sepet
bath	hamam/banyo	hamam/banyo
bathe (to)	yıkanmak	yikanmaak
bathing cap	deniz kepi	deniz kepi

bathing costume	mayo	mayo
bathing trunks	deniz kilotu	deniz keelotoo
bathroom	hamam/yıkanma yeri	hamam/yikanma yeri
battery	pil/akümülatör	pill/accumulator
bay	körfez/koy	kurfez/koy
beach	pilâj	pilâj
beard	sakal	sakal
beautiful	güzel	güzel
because	çünkü	chünkü
bed	yatak	yatak
bedroom	yatak odası	yatak odasy
beer	bira	beera
before	önce/evvel	urnjeh/evvel
begin (to)	başlamak	bashlamak
beginning	başlangıç	bashlangych
behind	arkada/arka	arkada/arka
believe (to)	inanmak	eenanmak
bell	çan	chan
below	altında	altynda
belt	kayış	kayish
berth	kamara yeri	kamara yeree
best	en iyi	en eeyee
better	daha iyi	daha eeyee

between	arasında/ortasında	arasynda/ortasynda
bicycle	bisiklet	beesicklet
big	büyük/iri	büyük/eeree
bill	heşap	hesap
bird	kuş	koosh
birthday	doğum günü	doghoom günü
bite (to)	ısırmak	ysyrmak
black	kara/siyah	kara/seeyah
blanket	battaniye	battaneeyeh
bleach (to)	ağartmak	aghartmak
bleed (to)	kanamak	kanamak
blister	kabarcık	kabarjyk
blood	kan	can
blouse	bluz	blooz
blue	mavi	mavee
(on) board	vapurda/trende	vapoorda/trendeh
boarding house	pansiyon	panseeyon
boat	kayık/sandal	kayik/sandal
body	vucut/beden	voojoot/beden
bolster *pillow*	uzun yastık	oozoon yastyk
bolster (to)	güçlendirmek	güchlendirmek
bone	kemik	kemik
book	kitap	kitap

book (to)	yer tutmak/
	    yer ayırtmak
		yer tootmak/
		    yer ayirtmak

booking office	bilet bürosu	beelet bürosu
bookshop	kitapevi/kitapçı	kitapevi/kitapchy
borrow (to)	odünç almak	odünch almak
both	her ikisi	her ikisee
bottle	şişe	shisheh
bottle opener	şişe açacağı	shisheh achajaghy
bottom	dip	dip
bowl	tas/kap	tas/kap
box *container*	kutu	kootoo
box *luggage*	sandık	sandyk
box *theatre*	loca	loja
box office	bilet bürosu	beelet bürosu
boy	oğlan	oghlan
bracelet	bilezik	beelezeek
braces	pantolon askisi	pantolon askysy
brain	beğin	beghin
brandy	konyak/kanyak	konyak/kanyak
brassiere	sütyen	sütyen
bread	ekmek	ekmek
break (to)	kırmak	kyrmak
breakfast	kahvaltı	kahvalty

breathe (to)	nefes almak	nefes almak
bridge	köprü	kurprü
briefs	kısa don	kysa don
bright *colour*	parlak	parlak
bring (to)	getirmek	geteermek
British	Britanyalı/İngiliz	britanyaly/eengeeleez
broken	kırık	kyryk
brooch	broş	brosh
brother	erkek kardeş	erkek kardesh
brown	kahve rengi	kahve rengee
bruise	bere	bereh
bruise (to)	berelemek	berelemek
brush	fırça	fyrcha
bucket	kova	kova
build (to)	yapmak/inşa etmek	yapmak/insha etmek
building	yapı/bina	yapy/beena
buoy	şamandıra	shamandyra
burn (to)	yanmak	yanmak
burst (to)	patlamak	patlamak
bus	otobüs	otobüs
bus stop	otobüs durağı	otobüs dooraghy
business	iş/alış veriş	ish/alysh verysh
busy	meşgul	meshgool
but	fakat	fakat

butane gas	butan gazı	butan gazy
butter	tereyağı	tereyaghy
button	düğme	düghmeh
buy (to)	satın almak	satyn almak
by (with)	ile	eeleh
by (near)	yanında	yanynda

C

cabin	kamara/kabin	kamara/cabin
cable *message*	telgraf	telegraph
cable *thick wire*	kablo	kablo
café	kahvane/kafé	kahvaneh/café
cake	pasta/kek	pasta/kek
call (to) *summon*	çağırmak	chaghyrmak
call (to) *visit*	ziyaret	zeeyaret
camera	kamera	kamera
camp (to)	kamp yapmak	camp yapmak
camp site	kamp yeri	camp yeree
can *tin*	teneke kutu	teneke kootoo
Canada	Kanada	canada
Canadian	Kanadalı	canadaly
cancel (to)	iptal	iptal

cap	kasket	kasket
capital city	başkent	bashkent
car	araba/otomobil	araba/otomobil
car licence	oto permisi/ oto lisansı	oto permisee/ oto lisansy
car park	park yeri	park yeree
carafe	karaf/sürahi	carafe/sürahee
caravan	karavan	caravan
careful	dikkatlı	dikkatly
carry (to)	taşımak	tashymak
cash (to)	çek/para bozdurmak	cheque/para bozdoormak
cashier	veznedar/kasa memuru	veznedar/kasa memooroo
casino	gazino	gazeeno
castle	kale	kaleh
cat	kedi	kedee
catalogue	katalog	catalogue
catch (to)	kapmak/tutmak	kapmak/tootmak
cathedral	katedral	katedral
catholic	katolik	katolik
cave	mağra/mağara	maghra/maghara
centre	orta	orta
century	yüzyıl/asır	yüzyil/assyr

ceremony	merasim/seremoni	merasim/ceremony
certain (to be)	emin olmak	emin olmak
chair	sandaliye	sandaliyeh
chambermaid	oda hizmetçisi	oda heezmetchisee
champagne	şampanya	shampanya
(small) change	ufak para	oofak para
change (to)	değiştirmek	deghishtirmek
charge	ücret	üjret
charge (to)	borçlandırmak	borchlandyrmak
cheap	ucuz	oojooz
check (to)	kontrol etmek	kontrol etmek
cheek	yanak	yanak
cheese	peynir	payneer
cheque	çek	cheque
chest *box*	sandık	sandyk
child	çocuk	chojook
chill	soğuk	soghook
chin	çene	cheneh
chocolate	çikolata	cheekolata
Christmas	Noel bayramı	noel bayramy
church	kilise	keeleeseh
cigar	sigar/puro	cigar/pooro
cigarette	sigara	sigara

cigarette case	sigara kutusu tabaka	seegara kootoosoo/ tabaka
cigarette lighter	çakmak	chakmak
cine camera	sine kamera	cine camera
cinema	sinama	cinema
circus	sirk	seerk
city	kent/şehir	kent/shehir
clean (to)	temizlemek	temeezlemek
clean	temiz	temeez
cliff	uçurum/yar	oochooroom/yar
clock	saat	saat
close (to)	kapamak	kapamak
closed	kapalı	kapaly
cloth	elbiselik/bez	elbiselik/bez
clothes	elbiseler/elbise	elbiseler/elbiseh
coach	otobüs	otobüs
coast	sahil	sahill
coat	palto	palto
coffee	kahve	kahveh
coin	ufak para	oofak para
cold	soğuk	soghook
collar	yaka	yaka
colour	renk	renk

colour film	renkli filim	renkly feelim
comb	tarak	tarack
come (to)	gelmek/varmak	gelmek/varmak
comfortable	rahat/konforlu	rahat/konforloo
compartment *train*	kompartman	compartman
complain (to)	şikâyet etmek	sheekayet etmek
complete	taman/komple	tamam/kompleh
concert	konser	konser
conductor *bus*	biletçi/kondaktör	biletchy/conductor
conductor *orchestra*	orkestra şefi	orkestra shefee
congratulations	tebrikler	tebrikler
connection *train*	aktarma treni	aktarma treni
constipation	inkibaz	inkeebaz
consul	konsolos	konsolos
consulate	konsolosluk	konsoloslook
convenient	munasip/kolay	munasip/kolie
convent	kadın manastırı	kadyn manastyry
conversation	konuşma/sohbet	konushma/soh-bet
cook	aşçı	ashchy
cook (to)	pişirmek	pishirmek
cool	serin/soğuk	sereen/soghook
copper	bakır	bakyr
cork	tıpa	tipa

corkscrew	tirbuşon	tirbushon
corner	köşe	kosheh
correct	doğru/tamam	doghroo/tamam
corridor	koridor	corridor
cosmetics	kozmetik	kozmetik
cost	fiyat	feeyat
cost (to)	malolmak/maliyet	malolmak/maliyet
cotton	pamuk	pamook
cotton wool	eczalı pamuk	ejzaly pamook
couchette	kuşet	couchette
cough	öksürük	urksürük
count (to)	saymak	saymak
country	memleket	memleket
countryside	kır/açıklık	kyr/achyklyk
course *dish*	kap yemek	kap yemek
cousin	kuzen/amca oğlu	koosen/amja oghloo
cover charge	servis ücreti	service üjretee
cramp	kramp	cramp
cream	kaymak/krema	kaymak/krema
cream *cosmetic*	krem	krem
cross (to)	karşıya geçmek	karshiya gechmek
crossroads	yol kavşağı	yol kavshaghee
cufflinks	kol düğmeleri	kol dughmeleree

cup	fincan	finjan
cupboard	dolap/gardrop	dolap/gardrop
cure (to)	tedavi etmek	tedavee etmek
curl	kıvrılmak	kyvrylmak
current	akıntı/cereyan	akynty/jereyan
curtain	perde	perdeh
cushion	yastık	yastyk
customs	gümrük	gümrük
customs officer	gümrük memuru	gümrük memooroo
cut	kesik	keseek
cut (to)	kesmek	kesmek

D

daily	gündelik	gündelik
damaged	hasara uğramış	hasara ooghramysh
damp	nemli/ıslak	nemlee/yslak
dance	dans	dance
dance (to)	dansetmek	dansetmek
danger	tehlike	tehleekeh
dangerous	tehlikeli	tehleekelee
dark	karanlık, koyu	karanlyk, koyoo
date *calendar*	tarih, gün	tarih, gün
daughter	kız	kyz

day	gün	gün
dead	ölü/ölmüş	urlü/urlmüsh
deaf	sağır	saghyr
dear	aziz, sevgili	aziz, sevgilee
December	Aralık	aralyk
deckchair	şezlong	shezlong
declare (to)	beyan etmek	beyan etmek
deep	derin	derin
delay	gecikme	gejikme
deliver (to)	teslim etmek	teslim etmek
delivery	teslim	teslim
demi-pension	yarım pansiyon	yarym pansiyon
dentist	diş doktoru	dish doktoroo
deodorant	deodorant	deodorant
depart (to)	ayrılmak/gitmek	ayrylmak/gitmek
department	kısım/şube/daire	kysym/shubeh/ da-ee-reh
department store	mağaza	maghaza
departure	ayrılış/gidiş	ayrylysh/gidish
detour	detur/dolaşmak	detour/dolashmak
develop (to) *film*	develope etmek/ filim yıkamak	developeh etmek/ film yukamak
diamond	elmas	elmass

dictionary	sözlük/lugat	surzluk/loogat
diet	yemek rejimi	yemek rejeemee
diet (to)	perhiz/yemek rejimi yapmak	perhiz/yemek rejeemee yapmak
different	farklı	farkly
difficult	zor/güç	zor/güch
dine (to)	yemek yemek	yemek yemek
dining room	yemek odası/ yemek salonu	yemek odasy/ yemek salonoo
dinner	akşam yemeği	aksham yemeghee
direction	istikamet	istikamet
dirty	kirli/bulaşık	kirlee/boolashyk
discotheque	diskotek	discotheque
dish	tabak/yemek	tabak/yemek
disinfectant	dezenfektan	dezenfektan
distance	mesafe/uzaklık	mesafeh/oozaklyk
disturb (to)	rahatsız etmek	rahatsyz etmek
dive (to)	dalmak	dalmak
diving board	dalma tahtası	dalma tahtasy
divorced	boşanmış	boshanmysh
dizzy	baş dönmesi	bash durnmesee
do (to)	yapmak/etmek	yapmak/etmek
dock (to)	rıhtıma yanaşmak	rhytyma yanashmak

doctor	doktor	doctor
dog	köpek	kurpek
doll	kukla/bebek	kookla/bebek
dollar	dolar	dollar
door	kapı	kapy
double	çifte/duble	chifteh/doobleh
double bed	çift yatak	chift yatak
double room	çift yataklı oda	chift yatakly oda
down (stairs)	aşağıda	ashaghyda
dozen	düzine	doozineh
drawer	çekmece	chekmejeh
dress	elbise/entari	elbeeseh/entaree
dressmaker	terzi	terzee
drink (to)	içmek	ichmek
drinking water	içme suyu	ichme sooyoo
drive (to)	sürmek/oto sürmek	sürmek/oto sürmek
driver	şoför	chauffeur
driving licence	şoför ehliyeti	chauffeur ehliyetee
dry	kuru	kooroo
duck	ördek	urdek
during	esnada/esnasında	esnada/esnasynda

E

each	her biri	her biri
ear	kulak	koolak
earache	kulak ağrısı	koolak aghrysy
early	erken	erken
earrings	küpeler	küpeler
east	doğu/şark	doghoo/shark
Easter	Paskalya	paskalia
easy	kolay	kolay
eat (to)	yemek	yemek
egg	yumurta	yoomoorta
elastic	lâstik	lastick
elbow	dirsek	dirsek
electric light bulb	elektrik ampülü	electric ampülü
electric point	fiş/priz	fish/preez
elevator	asansör	asansur
embassy	elçilik	elcheelik
emergency exit	acil çıkış yeri	ajil chykysh yeree
empty	boş	bosh
end	son	son
engine	makine/motor	makeeneh/motor
England	İngiltere	ingiltere
English	İngiliz	ingiliz

enlargement	büyültmek	büyültmek
enough	kâfi	kiafee
enquiries	sorular/tahkikat	soroolar/tah-kikat
entrance	giriş	girish
envelope	zarf	zarf
equipment	ekipman/avadanlık	ekipman/avadanlyk
Europe	Avrupa	avroopa
evening	akşam	aksham
every	her	herr
everybody	herkes	herrkess
everything	herşey	herrshey
everywhere	heryerde	herryerdeh
example	misâl/örnek	meesal/urnek
except	müstesna	müstesna
excess	fazla/haddinden fazla	fazla/haddinden fazla
exchange (bureau)	kambiyo	kam-beeyo
exchange rate	kambiyo rayici	kam-beeyo rayijee
excursion	gezi	gezee
exhibition	sergi	sergee
exit	çıkış	chykysh
expect (to)	beklemek	beklemek
expensive	pahalı	pahaly
express	ekspres/pek çabuk	express/pek chabook

express train	ekspress treni	express trenee
eye	göz	gurz
eye shadow	göz kozmetiği/ sürme	gurz kozmetighi/ sürmeh

F

face	yüz	yüz
face cream	yüz kremi	yüz kremee
face powder	yüz pudrası	yüz poodrasy
factory	fabrika	fabrika
faint (to)	bayılmak	bayilmak
fair *colour*	kumral	koomral
fall (to)	düşmek	düshmek
family	aile	a-ee-leh
far	uzak	oozak
fare	bilet/ücret	beelet/üjret
farm	çiftlik	chiftlik
fashion	moda	moda
fast	çabuk/süratli	chabook/süratlee
fat	şişman	shishman
father	baba	baba
fault	kusur	koosoor
February	Şubat	shoobat

feel (to)	sezmek/hissetmek	sezmek/hissetmek
fetch (to)	getirmek	getirmek
a few	birkaç	birrkach
field	tarla	tarla
fig	incir	injir
fill (to)	doldurmak	doldoormak
film	filim	feelim
find (to)	bulmak	boolmak
fine	iyi/ince	eeyee/injeh
finger	parmak	parmak
finish (to)	bitirmek	beetirmek
finished	bitti	beet-tee
fire	ateş	atesh
first	birinci	birinjee
first class	birinci sınıf	birinjee synyf
fish	balık	balyk
fish (to)	balık avlamak	balyk avlamak
fisherman	balıkçı	balykchy
fit (to)	prova etmek	prova etmek
flag	bayrak	bayrak
flat *adj.*	patlak/boş	patlak/bosh
flat *noun*	apartman dairesi	apartman da-ee-re-see
flight	uçuş	oochoosh

flint *lighter*	cakmak taşı	chakmak tashy
flood	su baskını/sel	soo baskyny/sel
floor *storey*	kat	kat/cut
floor	döşeme	durshemeh
floor show	gazino programı	gazeeno programy
florist	çiçekci	chichekjee
flower	çiçek	chichek
fly	sinek	sinek
fly (to)	uçmak	oochmak
follow (to)	takip etmek	takeep etmek
food	yiyecek/gıda	yeeyejek/gyda
foot	ayak	ayak
football	futbol	football
footpath	patika	patikah
for	için	ichin
forehead	alın	alyn
forest	orman	orman
forget (to)	unutmak	oonootmak
fork	çatal	chatal
forward	ileri	eelery
forward (to)	yollamak/iletmek	yollamak/eeletmek
fracture	kırık	kyryk
fragile	narin/kolay kırılır	nareen/kolay kyrylyr

free	serbest	serbest
fresh	taze	tazeh
fresh water	tatlı su	tatly soo
Friday	Cuma	jooma
friend	arkadaş/dost	arkadash/dost
from	dan/den	dan/den
front	ön/ön kısım	urn/urn kysym
frontier	hudut/sınır	hoodoot/synyr
frozen	donmuş	donmoosh
fruit	meyve	meyveh
fruit juice	meyve suyu	meyveh sooyoo
full	dolu	doloo
full board	tam pansiyon	tam panseeyon
funny	tuhaf	toohaf
fur	kürk	kürk

G

gallery	galeri	galeree
gamble (to)	kumar oynamak	koomar oynamak
game	oyun	oyoon
garage	garaj	garage
garden	bahçe	bahche
gas	gaz	gaz
gate	kapı	kapy

gentlemen	bay	bye
get (to)	gelmek/varmak	gelmek/varmak
get off (to)	inmek/çıkmak	eenmek/chykmak
get on (to)	binmek/girmek	beenmek/geermek
gift	hediye	hedeeyeh
girdle	kuşak/kemer	kooshak/kemer
girl	kız	kyz
give (to)	vermek	vermek
glad	memnum	memnoon
glass	şişe/cam/kadeh	shee-she/jam/kadekh
glasses	gözlükler	gurzlükler
glove	eldiven	eldeeven
go (to)	gitmek	geetmek
God	Tanrı/Allah	tanry/allah
gold	altın	altyn
good	iyi	eeyee
good-bye	hoşça kal	hoshcha kal
good day/morning	gün aydın	gün aydyn
good evening	iyi akşamlar	eeyee akshamlar
good night	iyi geceler/geceniz	ee-yee gejeler/gejeniz
	iyi olsun	ee-yee olsun
government	hükümet	hükümet
granddaughter	kız torun	kyz toroon

grandfather	dede	dedeh
grandmother	nine/büyük anne	neeneh/büyük anneh
grandson	erkek torun	erkek toroon
grape	üzüm	üzüm
grass	ot/çimen	ot/cheemen
grateful	minnetkâr	minnetkiar
great	büyük/ulu	büyük/ooloo
green	yeşil	yesheel
grey	kurşuni/gri	koorshoonee/gree
guarantee	garanti	guarantee
guest	misafir	meesafir
guide	kılavuz	kylavooz
guide book	kılavuz kitabı	kylavooz kitaby

H

hair	saç	sach
hair brush	saç fırçası	sach fyrchasy
haircut	saç traşı	sach trashy
hairdresser	berber/kuvaför	berber/koovafur
hairpin	saç iğnesi/firkete	sach ighnesi/feerketeh
half	yarım	yarym
half fare	yarım bilet	yarym beelet
half portion	yarım porsiyon	yarym porsyon

hand	el	ell
handbag	el çantası	ell chantasy
handkerchief	mendil	mendil
hanger	askı	asky
happy	mesut/bahtiyar	mesoot/bahtiyar
harbour	liman	leeman
hard	sert/zor	sert/zor
hat	şapka	shapka
he	o	o
head	baş	bash
headache	baş ağrısı	bash aghrysy
headwaiter	baş garson	bash garson
health	sıhhat/afiyet	syhhat/afeeyet
hear (to)	duymak	dooymak
heart	kalp	kalp
heat	sıcaklık	syjaklyk
heating	ısıtma	ysytma
heavy	ağır	aghyr
heel *foot*	ayak tabanı/taban	ayak tabany/taban
heel *shoe*	ökçe	urkcheh
help	yardım	yardym
help (to)	yardım etmek	yardym etmek
her *pron*	onu	onoo

her *adj.*	onun	onoon
here	burada	boorada
high	yüksek	yüksek
hill	tepe	teppeh
him	onu	onoo
hip	kalça	kalcha
hire (to)	kiralamak	keeralamak
his	onun	onoon
hitch hike (to)	oto stop yapmak	oto stop yapmak
holiday	tatil	tatil
(at) home	evde	evdeh
honey	bal	bal
horse	at	utt
horse races	at yarışları	utt yaryshlary
hospital	hastahane	hastahane
hot	sıcak	syjak
hotel	otel	otel
hotel keeper	otelci	oteljee
hot water bottle	termofor	termofor
hour	saat	saat
house	ev	ev
how?	nasıl?	nasyl
how much, many?	kaça?/ne kadar?	kacha/ne kadar

hungry (to be)	acıkmak	ajykmak
hurry (to)	acele etmek	ajeleh etmek
hurt (to)	incitmek/yaralamak	injitmek/yaralamak
husband	koca	koja
I		
I	ben	ben
ice	buz	booz
ice cream	dondurma	dondoorma
if	eğer	egher
ill	hasta/rahatsız	hasta/rahatsyz
illness	hastalık/rahatsızlık	hastalyk/rahatsyzlyk
immediately	hemen	hemen
important	önemli/mühim	urnemlee/mühim
in	içinde/içeride	ichindeh/icherideh
include	şamil olma/hesaba alma	shamil olma/hesaba alma
included	şamildir/hesaba alınmıştır	shamildir/hesaba alynmyshtyr
inconvenient	uygunsuz/çetin	ooygoonsooz/chetin
incorrect	yanlış	yanlysh
indigestion	hazımsızlık	hazymsyzlyk
information	bilgi/enformasyon	bilgee/enformasyon
ink	mürekkep	mürek-kep

inn	han/yol kahvesi	han/yol kahvesee
insect	böcek	burjek
insect bite	böcek ısırması	burjek ysyrmasy
insect repellent	böcek defeden ilâç	burjek defeden eelach
inside	içeride	icherideh
instead	yerine	yereeneh
insurance	sigorta	seegoorta
insure (to)	sigorta yapmak	seegoorta yapmak
interesting	enteresan	enteresan
interpreter	tercüman	terjüman
into	içine	ichineh
introduce (to)	takdim etmek	takdim etmek
invitation	davet	davet
invite (to)	davet etmek	davet etmek
Ireland	İrlanda	irlanda
Irish	İrlandalı	irlandaly
iron (to)	ütülemek	ütülemek
island	ada	ada
it	o	o

J

jacket	ceket	jeket
jam	reçel	rechel
January	Ocak	ojak

jar	kavanoz	kavanoz
jaw	çene	cheneh
jelly fish	deniz anası	deniz anasy
jeweller	kuyumcu	kooyoomjoo
jewellery	mücevherat	müjevherat
journey	seyahat	seyahat
juice	su/üsare	su/üsareh
July	Temmuz	temmooz
jumper	yün bluz	yün blooz
June	Haziran	hazeeran

K

keep (to)	beraberinde bulundurmak/ muhafaza etmek	beraberindeh booloondoormak/ moohafaza etmek
key	anahtar	anahtar
kidney	böbrek	burbrek
kind *agreeable*	iyi kalplı	eeyee kalply
kind *type*	cins	jins
king	kıral	kral
kitchen	mutfak	mootfak
knee	diz	deez
knickers/briefs	iç donu	eech donoo
knife	bıçak	bichak

know (to) *fact*	bilmek	billmek
know (to) *person*	tanışmak	tanyshmak

L

label	yafta/etiket	yafta/etiket
lace *embroidery*	dantela	dantela
lace	potin bağı	potin baghy
ladies	bayanlar	bayanlar
lake	göl	gurl
lamb	kuzu	koozoo
lamp	lamba	lamba
landlord	ev sahibi	ev saheebee
lane	yol/geçit	yol/gechit
language	dil	dill
large	iri/büyük	eeree/büyük
last	son	son
late	geç	gech
laugh (to)	gülmek	gülmek
laundry	çamaşır	chamashyr
lavatory	abdesane/yüz numara	abdesaneh/yüz noomara
lavatory paper	abdesane kağıdı	abdesaneh kaghydy
law	kanun	kanoon
laxative	müshil	müs-hil

lead (to)	önde gitmek	urndeh gitmek
learn (to)	öğrenmek	urghrenmek
leather	deri	deree
leave (to) *abandon*	bırakmak/terketmek	brakmak/terketmek
leave (to) *go away*	gitmek/ayrılmak	gitmek/ayrylmak
left opp. *right*	sol	sol
left *gone*	gitti	gitti
left luggage	emanet eşya deposu	emanet eshya deposoo
leg	bacak	bajak
lemon	limon	leemon
lemonade	limonata	leemonata
lend (to)	ödünç vermek	urdünch vermek
length	uzunluk	oozoonlook
less	daha az	daha az
let (to) *rent*	kiralamak	kiralamak
let (to) *allow*	müsade etmek	müsadeh etmek
letter	mektup	mektoop
library	kutuphane/kitaplık	kutupkhaneh/ keetaplyk
licence	lisans, ruhsat, permi	lisans/ruhsat/ permi
life	hayat	hayat

lift (to)	kaldırmak	kaldyrmak
lift *elevator*	asansör	asansur
light	ışık	yshyk
light *weight*	hafif	hafeef
lighter fuel	çakmak yakıtı	chakmak yakyty
lighthouse	deniz feneri	deniz feneree
like (to) *it pleases me*	beğenmek	beghenmek
like (to) *wish*	arzu etmek	arzoo etmek
linen	keten/çamaşır	keten/chamashyr
lip	dudak	doodak
lipstick	dudak boyası/ruj	doodak boyasy/rooj
listen	dinlemek	dinlemek
little *amount*	az	az
little *size*	küçük	küchük
live (to)	yaşamak	yashamak
local	mahalli	mahallee
lock	kilit	kilit
long	uzun	oozoon
look (to)	bakmak	bakmak
look (to) *seem*	görünmek	gurünmek
look for (to)	aramak	aramak
lorry	kamyon	kamyon
lose (to)	kaybetmek	kaybetmek

lost property office	kaybolan eşya deposu	kaybolan eshya deposoo
loud	yüksek ses	yüksek ses
lovely	güzel/sevimli	güzel/sevimlee
low	aşağı/alçak	ashaghy/alchak
luggage	valiz	valeez
lunch	öğle yemeği	urghleh yemeghee

M

magazine	mecmua/dergi/ magazin	mejmua/dergee/ magazin
maid	kadin hızmetçi	kadyn heezmetchee
mail	posta	posta
main street	ana sokak/cadde	ana sokak/jaddeh
make (to)	yapmak	yapmak
make-up	makyaj	makyaj
man	adam	adam
manager	müdür/manejer/ direktör	müdür/manager/ director
manicure	manikür	manicure
many	çok	chok
map	harita	harita
March	Mart	mart
market	pazar	pazar

marmalade	marmalad	marmalad
married	evli	evlee
match	kibrit	keebrit
match *sport*	maç	match
material	materyel/maddi	materyel/maddee
mattress	şilte/somya	shilteh/somya
May	Mayıs	mayis
me	beni	benee
meal	yemek	yemek
measurements	ölçü	urlchü
meat	et	et
medicine	ilâç	eelach
meet (to)	tanışmak/	tanyshmak/
	karşılaşmak	karshylashmak
melon	kavun	kavoon
mend (to)	onarmak	onarmak
menu	menü	menü
message	mesaj/haber	mesaj/haber
metal	maden	maden
midday	öğle/öğleyin	urghleh/urghleyin
middle	orta/ortasi	orta/ortasee
midnight	gece yarısı	gejeh yarysy
mild	mülayim/ılımlı	mülayim/ylymly

milk	süt	süt
mineral water	maden suyu	maden sooyoo
minute	dakika	dakika
mirror	ayna	ayna
Miss	Bayan	bayan
miss (to) *train*	kaçırmak	kachyrmak
mistake	yanlışlık	yanlyshlyk
modern	modern	modern
moment	an	un
monastery	manastır	manastyr
Monday	Pazartesi	pazartesee
money	para	para
money order	havale	havaleh
month	ay	I
monument	abide	abideh
more	daha fazla	daha fazla
morning	sabah	sabakh
mosque	cami	jamee
mosquito	sivri sinek	sivree sinek
mother	anne/ana	anneh/ana
motor	motor	motor
motor boat	motorbot	motor boat
motor cycle	motosiklet	motosiklet

motor racing	oto yarışı	oto yaryshy
motorway	anayol	anayol
mountain	dağ	dagh
mouth	ağız	aghyz
Mr	Bay	bay
Mrs	Bayan	bayan
much	çok/fazla	chok/fazla
museum	müze	müzeh
music	muzik	muzik
muslim	müslüman	müslüman
my, mine	benim	beneem

N

nail *finger*	tırnak	tyrnak
nailbrush	tırnak fırçası	tyrnak fyrchasy
nailfile	tırnak törpüsü	tyrnak turpüsü
name	ad/isim	ad/isim
napkin	peçete	pecheteh
nappy	çocuk bezi	chojook bezee
narrow	dar	darr
near	yakın	yakyn
necessary	luzumlu/elzem	loozoomloo/elzem
neck	ense	enseh

necklace	gerdanlık	gerdanlyk
need (to)	ihtiyacı olmak	ihtiyajy olmak
needle	iğne	ighneh
never	asla	asla
new	yeni	yenee
news	haber/haberler	haber/haberler
newsagent	gazete satıcısı	gazeteh satyjysy
newspaper	gazete	gazeteh
next	bundan sonra/öteki	boondan sonra/urteky
nice	güzel/iyi	güzel/eeyee
night	gece	gejeh
nightclub	gazino/bar	gazeeno/bar
nightdress	gecelik	gejelik
no	hayır	hayr
nobody	hiç biri/hiç kimse	hich biree/hich kimseh
noisy	gürültülü	gürültülü
none	hiç/hiç kimse	hich/hich kimseh
north	kuzey/şimal	koozey/sheemal
nose	burun	booroon
note	pusula/not	poosoola/not
notebook	not defteri	not defteree
nothing	hiçbir şey	hichbir shay
notice	ilân	eelan

notice (to)	göze çarpmak/görmek	gurzeh charpmak/ gurmek
novel	roman	roman
November	Kasım	kasym
number	numara/sayı	noomara/sayi
nurse	hemşire/hasta bakıcı	hemsheereh/hasta bakyjy
nut	fındık/fıstık	fyndyk/fystyk
nylon	naylon	nylon

O

occupied	meşgul/tutulmuş	meshgool/tootoolmoosh
ocean	okyanus	okyanoos
October	Ekim	ekim
odd *strange*	acayip	ajayeep
office	daire/büro/ofis	da-ee-reh/bureau/office
official	memur	memoor
often	çoğu zaman/ çok kere	choghoo zaman/ chok kereh
oil	yağ	yagh
ointment	merhem	merhem
old	eski	eskee
olive	zeytin	zeytin
on *place*	üzerinde/üstünde	üzerindeh/üstündeh

once	bir defa/bir zaman	bir defa/bir zaman
only	yalnız/sadece	yalnyz/sadejeh
open (to)	açmak	achmak
open *pp*	açık	achyk
opera	opera	opera
operation	ameliyat/operasyon	ameleeyat/operasyon
opposite	karşısında	karshysynda
optician	optisyen/gözlükçü	optisyen/gurzlükjü
or	veya	veya
orange	portokal	portokal
orchestra	orkestra	orchestra
order (to)	sipariş etmek	seeparish etmek
ordinary	alelâde	aleladeh
other	başka	bashka
our, ours	bizim	beezeem
out(side)	dışarıda/dışarısı	dysharyda/dysharysy
out of order	bozuk	bozook
over	üzerinde	üzerindeh
over *finished*	bitti	beettee
overcoat	palto	palto
over there	orada	orada
owe (to)	borçlu	borchloo
owner	sahip/mal sahibi	saheep/mal saheebee

P

pack (to)	paketlemek	paketlemek
packet	paket	paket
page	sahife	sahifeh
paid	ödenmiş	urdenmish
pain	sızı/ağrı	syzy/aghry
paint (to) *art*	resim yapmak	reseem yapmak
painting	tablo/resim	tablo/reseem
pair	çift	chift
palace	saray	saray
pale	solgun/açık renk	solgoon/achik renk
paper	kâğıt	kiaghyt
paraffin	gazyağı	gazyaghy
parcel	paket	paket
park (to)	park yapmak	park yapmak
park	park	park
part	parça/kısım	parcha/kysym
pass (to)	geçmek	gechmek
passenger	yolcu	yoljoo
passport	pasaport	passaport
path	geçit/patika	gechit/patika
patient *sick person*	hasta	hasta
pavement	kaldırım	kaldyrym

pay (to)	ödemek	urdemek
peach	şeftali	sheftalee
pear	armut	armoot
pearl	inci	injee
pedestrian	yaya	yaya
pen	kalem	kalem
(fountain) pen	dolma kalem	dolma kalem
pencil	kurşun kalemi	koorshoon kalemee
penknife	çakı	chaky
people	halk	halk
pepper	biber	beeber
performance	temsil/oyun	temsil/oyoon
perfume	parfüm	perfume
perhaps	belki	belkee
perishable	kolay bozulan	kolay bozoolan
permit	ruhsat/permi	roohsat/permi
permit (to)	müsade etmek	müsadeh etmek
person	şahıs/kişi	shahys/kishi
personal	şahsı/özel	shahsy/urzel
petrol	benzin	benzeen
petrol can	benzin tenekesi/bidon	benzeen tenekesi/bidon
petrol station	benzin istasiyonu	benzeen istasiyonoo
photograph	fotoğraf	photograph

photographer	fotoğrafçı	photographchy
piano	piano	piano
picnic	piknik	picnic
piece	parça	parcha
pillow	yastık	yastyk
pin	toplu iğne	toploo ighneh
(safety) pin	kancali iğne/	kanjaly ighneh/
	çengelli iğne	chengellee ighneh
pineapple	ananas	ananas
pink	pembe	pembeh
pipe	pipa	peepa
place	yer/mahal	yer/mahal
plain	sade	sadeh
plan	pilân	plan
(adhesive) plaster	tutkallı sargı	tootkally sargy
plastic	plastik	plastic
plate	tabak/sahan	tabak/sahan
platform	peron/platform	peron/platform
play (to)	oynamak	oynamak
play	oyun	oyoon
please	lütfen	lütfen
plug *electric*	fiş	fish
plug *bath*	tıpa/tıkaç	tipa/tikach

plum	erik	erik
pocket	cep	jep
point	uç/nokta	ooch/nokta
poisonous	zehirli	zeheerlee
policeman	polis/polis memuru	police/police memooroo
police station	polis karakolu	police karakoloo
poor	fakir	fakeer
popular	halkça sevilmiş/ populer	halkcha sevilmish/ populer
port	liman	leeman
porter	hamal	hamal
possible	mümkun	mümkun
post (to)	postalamak	postalamak
post box	posta kutusu	posta kootoosoo
postcard	kart postal	cart postal
postman	postacı	postajy
post office	postahane	postahaneh
poste restante	post restan	post restan
pound *weight*	libra	libra
pound *money*	isterling	sterling
powder *face*	pudra	poodra
prefer (to)	tercih temek	terjikh etmek
prepare (to)	hazırlamak	hazyrlamak

prescription	reçete	recheteh
present *gift*	hediye	hedeeyeh
press (to) *clothes*	ütülemek	ütülemek
pretty	güzel/sevimli	güzel/sevimlee
price	fiyat	feeyat
private	özel/hususi	urzel/hoosoosee
problem	mesele/problem	meseleh/problem
profession	meslek	meslek
programme	proğram	program
promise (to)	vadetmek	vadetmek
pull (to)	çekmek	chekmek
pure	saf	saff
purse	cüzdan	jüzdan
push (to)	itmek	eetmek
put (to)	koymak	koymak
pyjamas	pijama	pyjama

Q

quality	kalite/evsaf	kaliteh/evsaf
quantity	miktar	meektar
quarter	urub/çeyrek	ooroob/cheyrek
queen	kraliçe	kraleecheh
question	soru	soroo

quick	çabuk	chabóok
quiet	sakin/sessiz	sakin/sessiz

R

race (to)	yarışmak	yaryshmak
race *human*	ırk	yrk
radiator	kalorifer	kalorifer
radio	radyo	radee-oh
railway	demiryolu	demeeryoloo
rain	yağmur	yaghmoor
(it is) raining	yağmur yağıyor	yaghmoor yaghiyor
raincoat	yağmurluk	yaghmoorlook
rare *not frequent*	nadir	nadeer
rare *meat*	az pişmiş	az pishmish
raw	çiğ	chigh
razor	ustura	oostoora
razor blade	traş bıçağı	trash bychaghy
read (to)	okumak	okoomak
ready	hazır	hazyr
real	hakiki	hakikee
really	hakikaten	hakikaten
reason	sebep	sebep
receipt	makbuz	makbooz

receive (to)	kabul etmek/almak	kabool etmek/almak
recent	geçenlerde	gechenlerdeh
recommend	tavsiye etmek	tavsiyeh etmek
record *disc*	pilâk	pilak
red	kırmızı	kyrmyzy
refreshments	yiyecek-içecek	yeeyejek-eechejek
register (to)	kaydetmek/kaydolmak	kaydetmek/kaydolmak
registered mail	taahhütlü mektup	taahhütlü mektoop
remember (to)	hatırlamak	hatyrlamak
rent (to)	kiralamak	keeralamak
repair (to)	onarmak/tamir etmek	onarmak/tamir etmek
repeat (to)	tekrarlamak	tekrarlamak
reply (to)	cevab vermek	jevap vermek
reply paid	cevabı ödenmiş	jevaby urdenmish
reservation	rezervasyon	rezervasyon
reserve (to)	rezerve yapmak	rezerveh yapmak
reserved	rezerve/tutulmuş	rezerveh/tootoolmoosh
restaurant	restoran/lokanta	restoran/lokanta
restaurant car	vagon restoran	vagon restoran
return (to)	geri gelmek	geree gelmek
rib	kaburga	kaboorga
ribbon	şerit	sherit
right *correct*	doğru	doghroo

right *opp. left*	sağ	sagh
ring	halka	halka
ring (to)	çalmak	chalmak
river	nehir/ırmak	neheer/yrmak
road	yol	yol
rock	kaya	kaya
roll *bread*	ufak somun	oofak somun
room	oda	oda
rope	ip	ip
round	topak/toparlak/ değirmi	topak/toparlak/ deghirmee
rowing boat	kürek sandalı	kürek sandaly
rubber	lâstik/silgi	lastik/seelgee
rubbish	çöp/zibil	churp/zibil
run (to)	koşmak	koshmak

S

safe	salim	saleem
salad	salata	salata
salesgirl	satıcı bayan	satyjy bayan
salesman	satıcı	satyjy
salt	tuz	tooz
salt water	tuzlu su	toozloo soo

same	ayni	aynee
sand	kum	koom
sandals	sandallar	sandallar
sandwich	sandviç	sandwich
sanitary towel	bayanlar için özel tampon	bayanlar eecheen urzel tampon
Saturday	Cumartesi	jumartesee
sauce	salça/sos	salcha/sos
saucer	fincan tabağı	finjan tabaghy
say (to)	demek/söylemek	demek/surylemek
scald (to)	haşlamak/haşlanmak	hashlamak/hashlanmak
scarf	atkı	atky
scent	koku	kokoo
school	okul/mektep	okoo1/mektep
scissors	makas	makas
Scotland	İskoçya	iskochya
Scottish	İskoç/İskoçyalı	iskoch/iskochyaly
sculpture	heykel	heykel
sea	deniz	deneez
seasick	deniz tutması	deniz tootmasy
season	mevsim	mevsim
seat	koltuk/sandaliye	koltook/sandaliyeh
second	ikinci	eekeenjee

second *time*	saniye	saneeyeh
second class	ikinci mevki	eekeenjee mevkee
sedative	teskin edici ilâç/ sedatif	teskin edijee ilach/ sedatif
see (to)	görmek	gurmek
seem (to)	görünmek	gurünmek
self-service	self-servis	self-service
sell (to)	satmak	satmak
sent (to)	göndermek	gurndermek
separate	ayrı	ayry
September	Eylül	eylül
serious	ciddi	jiddee
serve (to)	hizmet etmek/ servis yapmak	heezmet etmek/ service yapmak
service	servis	service
service charge	servis ücreti	service üjrety
service *church*	ayin	ayeen
set *hair*	mizanple	mizanpleh
several	birkaç	birkach
sew (to)	dikmek	dikmek
shade *colour*	renk	renk
shade *shadow*	gölge	gurlgeh
shallow	sığ/derin değil	sygh/derin deghil
shampoo	şampu	shampoo

shape	şekil	shekil
share (to)	paylaşmak	paylashmak
shared taxi	dolmuş	dolmoosh
sharp	keskin	keskeen
shave (to)	traş olmak	trash olmak
shaving brush	traş fırçası	trash fyrchasy
shaving cream	traş kremi	trash kremee
she	o	o
sheet	çarşaf	charshaf
shell	kabuk	kabook
shine (to)	parlamak	parlamak
shingle *pebbles*	çakıllık	chuckle-lyk
ship	gemi	gemi
shipping line	gemicilik şirketi	gemijilik shirketee
shirt	gömlek	gurmlek
shoe	ayakkabı/potin	ayakkaby/potin
shoelace	potin bağı	potin baghy
shoe shop	ayakkabı dükkânı	ayakkaby dükkany
shoe repairs	ayakkabı tamircisi	ayakkaby tamirjisee
shop	dükkân/mağaza	dükkan/maghazah
short	kısa	kysah
shorts	kısa pantolon	kysah pantolon
shoulder	omuz	omooz

show	temsil/oyun	temsil/oyoon
show (to)	göstermek	gurstermek
shower	duş	doosh
shut (to)	kapamak	kapamak
shut *pp*	kapalı	kapaly
sick	hasta	hasta
side	taraf	taraf
sightseeing	gezme	gezmeh
sights	görülecek yer	gurülejek yer
silk	ipek	eepek
silver	gümüş	gümüsh
simple	sade	sadeh
single	tek	tek
single *unmarried*	bekâr	bekiar
single room	tek yataklı oda	tek yatakly oda
sister	kız kardeş	kyz kardesh
sit (to)	oturmak	otoormak
sit down (to)	oturmak	otoormak
size	hacim/ölçü	hajim/urlchü
ski (to)	kayak yapmak/ski	kayak yapmak/ski
skid (to)	kaymak	kaymak
sky	gök/sema	gurk/sema
sleep (to)	uyumak	ooyoomak

sleeper *train*	yataklı tren	yatakly tren
sleeping bag	yatak torbası	yatak torbasy
sleeve	elbise kolu	elbiseh kolu
slice	dilim	deeleem
slip	kayma	kayma
slippers	terlik	terleek
slowly	yavaş yavaş	yavash yavash
small	küçük	küchük
smart	güzel/yakışıklı	güzel/yakyshykly
smell (to)	koklamak	koklamak
smoke (to)	sigara/pipa içmek	sigara/peepa ichmek
smoking (compartment)	sigara içilen vagon	sigara ichilen vagon
(no) smoking	sigara içilmez	sigara ichilmez
snack	hafif yemek	hafeef yemek
snow	kar	car
(it is) snowing	kar yağıyor	car yaghiyor
so	böyle	buryleh
soap	sabun	saboon
soap powder	toz sabun/ sabun tozu	toz saboon/ saboon tozoo
sock	çorap	chorap
soda water	sodalı su	sodaly soo

sold	satılmış	satylmysh
sole *shoe*	pençe	pencheh
some	biraz/birkaç	biraz/birkach
somebody	birisi	beerisee
something	birşey	birshey
sometimes	bazan	bazan
somewhere	bir yerde	bir yerdeh
son	oğul	oghool
song	şarkı/türkü	sharky/türkü
soon	hemen/biraz sonra	hemen/beeraz sonra
sorry	kederli/affedin	kederlee/affedin
soup	çorba	chorba
sour	ekşi/tatsız	ekshee/tatsyz
south	güney/cenup	güney/jenoop
souvenir	hatıra/yadigâr	hatyra/yadigiar
speak (to)	konuşmak	konooshmak
speciality	hususiyet/spesiyalite	hoosoosiyet/specialite
speed	sürat	sürat
speed limit	azami sürat	azamee sürat
spend (to)	sarfetmek	sarfetmek
spine	bel kemiği	bel kemighee
spoon	kaşık	kashyk
sport	spor	spor

sprain	burkulma	boorkoolma
sprain (to)	burkulmak	boorkoolmak
spring *season*	ilk bahar	ilk bahar
spring *mechanical*	yay	yay
square	dörtken/kare	durtken/kareh
stage	sahne	sakhneh
stain	leke	lekeh
stained	lekeli	lekelee
stairs	merdivenler	merdivenler
stale	bayat	bayat
stamp	pul	pull
stand (to)	ayakta durmak	ayakta doormak
start (to)	başlamak	bashlamak
station	istasiyon	istasiyon
stationer	kâğıtçı/kırtasiyeci	kiaghitchy/kirtasiyejee
statue	heykel	heykel
stay (to)	kalmak	kalmak
step	adım	adym
sting	arı sokması	ary sokmasy
stocking	çorap	chorap
stolen	çalınmış	chalynmysh
stomach	mide	meedeh
stone	taş	tash

stop (to)	durmak	doormak
store	dükkân/ambar	dükkan/ambar
straight	doğru	doghroo
straight on	doğru	doghroo
strap	kayış/band	kayish/band
strawberry	çilek	cheelek
stream	dere/çay	dereh/chy
street	sokak	sokak
string	sicim	seejeem
strong	güçlü/kuvvetli	güchlü/kuvvetlee
student	öğrenci/talebe	urghrenjee/talebeh
style	stil	still
suburb	banliyo/varoş	banliyo/varosh
subway	yeraltı geçidi	yeralty gechidee
suede	süet/yumuşak deri	süet/yomooshak deree
sugar	şeker	sheker
suit	takım elbise	takym elbiseh
suitcase	bagaj/valiz	bagaj/valeez
summer	yaz	yaz
sun	güneş	günesh
sunbathing	güneş banyosu	günesh banyosoo
sunburn	güneş yakması	günesh yakmasy
Sunday	Pazar	pazar

sunglasses	güneş gözlüğü	günesh gurzlüghü
sunhat	güneş şapkası	günesh shapkasy
sunshade	gölgelik	gurlgelik
sunstroke	güneş çarpması	günesh charpmasy
suntan cream	güneş kremi	günesh kremee
supper	akşam yemeği	aksham yemeghee
supplementary charge	ek ücret/ekstra ücret	ek üjret/extra üjret
sure	emin	emin
surface mail	kara postası	kara postasy
surgery	muayenehane/klinik	mooayenehaneh/ clinic
suspender belt	pantolon askısı	pantolon askysy
sweater	kazak/yün ceket	kazak/yün jeket
sweet	tatlı	tatly
sweets	şekerleme	shekerlemeh
well (to)	şişmek	shishmek
swim (to)	yüzmek	yüzmek
swimming pool	yüzme havuzu	yüzmeh havoozoo
switch *light*	elektrik düğmesi	elektrik düghmesee
swollen	şişmiş	shishmish

T

table	masa	masa
tablecloth	masa örtüsü	masa urtüsü
tablet	hap	hap
tailor	terzi	terzee
take (to)	almak	almak
talk (to)	konuşmak	konooshmak
tall	uzun boylu	oozoon boyloo
tap	musluk	mooslook
taste	tad	tad
tax	vergi	vergee
taxi	taksi	taxi
(shared) taxi	dolmuş	dolmoosh
tea	çay	chy
teach (to)	öğretmek	urghretmek
telegram	telgraf	telgraph
telephone (to)	telefon etmek	telephone etmek
telephone	telefon	telephone
telephone call	telefon konuşması	telephone konooshmasy
telephone directory	telefon kataloğu	telephone catalogoo
telephone number	telefon numarası	telephone noomarasy
telephone operator	telefon operatörü	telephone operaturü
television	televizyon	televiyzon

tell (to)	söylemek	surylemek
temperature	ısı/hararet	ysy/hararet
tennis	tenis	tennis
tent	çadır	chadyr
tent peg	çadır kazığı	chadyr kazyghy
tent pole	çadır sırığı	chadyr syryghy
terrace	tarasa	tarasa
thank you	teşekkür ederim/ mersi	teshekkür ederim/ mersee
that	şu	shoo
theatre	tiyatro	teeyatro
their, theirs	onların	onlaryn
them	onlar	onlar
then	o zaman	o zaman
there	orada	orada
there is	vardır	vardyr
there are	vardır	vardyr
thermometer	termometre	termometreh
these	bunlar	boonlar
they	onlar	onlar
thick	kalın	kalyn
thin	ince	injeh
thing	şey	shey

think (to)	düşünmek	düshünmek
thirsty (to be)	susamak	soosamak
this	bu	boo
those	şunlar	shoonlar
thread	iplik	eeplik
throat	gırtlak	gyrtlak
through	arasından	arasyndan
throw (to)	atmak/savurmak	atmak/savoormak
thumb	baş parmak	bash parmak
Thursday	Perşembe	pershembeh
ticket	bilet	beelet
tide	met ve cezir	met ve jezeer
tie *neck*	kravat	kravat
tight	dar/iyi kapanmış	durr/eeyee kapanmysh
time	vakit/zaman	vakeet/zaman
timetable	vakit cedveli	vakeet cedvelee
tin *box*	teneke	tenekeh
tin *metal*	kalay	kalay
tin opener	teneke açacağı	tenekeh/achajaghy
tip	bahşiş	bahsheesh
tip (to)	bahşiş vermek	bahsheesh vermek
tired	yorgun	yorgoon
tissues *paper*	kağıt mendil	kaghyt mendil

tobacco	tütün	tütün
today	bu gün	boo gün
toe	ayak parmağı	ayak parmaghy
together	birlikte/beraber	birlikteh/beraber
toilet	yüz numara/tuvalet	yüz numara/toovalet
toilet paper	tuvalet kağıdı	toovalet kaghydy
tomorrow	yarın	yaryn
tongue	dil	dill
tonight	bu gece	boo gejeh
too *also*	da/de	da/de
too much/many	çok fazla	chok fazla
tooth	diş	dish
toothache	diş ağrısı	dish aghrysy
toothbrush	diş fırçası	dish fyrchasy
toothpaste	diş macunu	dish majoonoo
toothpick	kürdan	kürdan
top	üst/en üstünde/üstü	üst/en üstündeh/üstü
torch	el feneri	ell feneree
torn	yırtık/yırtılmış	yirtyk/yirtylmysh
touch (to)	dokunmak	dokoonmak
tourist	turist	tourist
towel	havlu/peşkir/silecek	havloo/peshkir/seelejek
tower	kule	kooleh

town	kasaba/kent	kasaba/kent
toy	oyuncak	oyoonjak
traffic	trafik	traffic
traffic jam	trafik tıkanması	traffic tykanmasy
traffic lights	trafik ışıkları/trafik lâmbaları	traffic yshyklary/traffic lambalary
train	tren	tren
translate (to)	tercüme etmek	terjümeh etmek
travel (to)	seyahat etmek	seyahat etmek
travel agent	seyahat acentesi	seyahat ajentesee
traveller	yolcu/turist	yoljoo/tourist
travellers' cheques	seyahat çeki	seyahat chekee
treatment *medical*	tedavi	tedavee
tree	ağaç	aghach
trip	gezi/seyahat	gezee/seyahat
trouble	zorluk/dert	zorlook/dert
trousers	pantolon	pantolon
true	doğru/gerçek	doghroo/gerchek
trunk *luggage*	sandık	sandyk
trunks *bathing*	mayo	mayo
try, try on (to)	denemek/giymek	denemek/geeymek
Tuesday	Salı	saly
tunnel	tunel	toonel

Turkey	Türkiye	türkiyeh
Turkish	Türkçe	türkcheh
turn (to)	dönmek	durnmek
turning	dönemeç	durnemech
twisted	bükülmüş	bükülmüsh

U

ugly	çirkin	chirkin
umbrella	şemsiye	shemsiyeh
uncle	amca/dayı	amja/dayee
uncomfortable	rahatsız	rahatsyz
under	altında	altyndah
underground	yeraltı	yeralty
understand	anlamak	anlamak
underwear	iç elbisesi	ich elbisesee
university	üniversite	universiteh
unpack (to)	valizi boşaltmak	valizee boshaltmak
until	o vakte kadar	o vakteh kadar
unusual	anormal	anormal
up	yukarı	yookary
upstairs	yukarıda	yookaryda
urgent	acele	ajeleh
use (to)	kullanmak	koollanmak
usual	mutad/bermutad	mootad/bermootad

USA	Amerika Birlesik Devletleri/ABD	amerika birleshik devletleri
USSR	Sovyetler Birliği/ Sovyet Rusya	sovyetler birlighi/ sovyet roosya

V

vacant	boş	bosh
vaccination	aşı	ashy
valid	muteber/meriyette	mooteber/meriyetteh
valley	vadi	vadee
valuable	kıymetli	kiymetlee
value	kıymet	kiymet
vase	vazo	vazo
veal	dana eti	dana etee
vegetable	sebze	sebzeh
vegetarian	sebze yeyen	sebzeh yeyen
veil	peçe/perde	pecheh/perdeh
vein	damar	damar
ventilation	havalandırma/ vantilasyon	havalandyrma/ vantilasyon
very	çok	chok
very much	çok fazla	chok fazla
vest	iç esvabı	ich esvaby
view	manzara	manzara

village	köy	keeuy
vinegar	sirke	seerkeh
violin	keman	keman
visa	viza	visa
visit	ziyaret	zeeyaret
visit (to)	ziyaret etmek	ziyaret etmek
voice	ses	ses
voltage	voltaj	voltage
vomit (to)	kusmak	koosmak
voyage	seyahat/yolculuk	seyahat/yoljoolook

W

wait (to)	beklemek	beklemek
waiter	garson	garson
waiting room	bekleme odası/ bekleme salonu	beklemeh odasy / beklemeh salonoo
waitress	garson	garson
wake (to)	uyanmak	ooyanmak
Wales	Galler ülkesi	galler ülkesee
walk (to)	yürümek	yürümek
wallet	cüzdan	jüzdan
want (to)	istemek	eestemek
wardrobe	dolap/gardrop	dolap/gardrob

warm	sıcak/ılık	syjak/ylyk
wash (to)	yıkamak	yikamak
washbasin	leğen/küvet	leghen/küvet
watch *timepiece*	saat	saat
water	su	soo
waterfall	şelale	shelaleh
watermelon	karpuz	karpooz
water ski-ing	su kayağı	soo kayaghy
wave	dalga	dalgah
way	yol	yol
we	biz	beez
wear (to)	giymek	geeymek
weather	hava	hava
Wednesday	Çarşamba	charshamba
week	hafta	hafta
weight (to)	tartmak	tartmak
well	iyi	eeyee
well *water*	kuyu	kooyoo
Welsh	Galyalı	galyaly
west	batı	baty
wet	ıslak/nemli	yslak/nemlee
what?	ne?	neh
wheel	tekerlek	tekerlek

when?	ne zaman?/ne vakit?	neh zaman/neh vakeet
where?	nereye?	nereyeh
which?	hangisi?	hangisee
white	beyaz/ak	beyaz/ak
who?	kim?	kim
whole	bütün/tam	bütün/tam
whose?	kimin?	kimin
why?	niçin/neden?	neechin/neden
wide	geniş	geneesh
widow	dul	dool
widower	dul erkek	dool erkek
wife	karı/zevce	kary/zevjeh
win (to)	kazanmak	kazanmak
wind	rüzgâr/yel	rüzgiar/yell
window	pençere	penchereh
wine	şarap	sharap
wine list	şarap listesi	sharap leestesy
winter	kış	kysh
wish (to)	istemek/arzu etmek	istemek/arzoo etmek
with	ile/beraber	eeleh/beraber
woman	kadın	kadyn
wool	yün	yün
word	söz/kelime	surz/kelimeh

worse	daha fena	daha fenah
worth (to be)	değer/kıymet	degher/kiymet
wound *injury*	yara	yara
wrap	sar	sar
wrist	bilek	beelek
write (to)	yazmak	yazmak
writing paper	yazı kâğıdı	yazy kiaghydy
wrong	yanlış	yanlysh

Y

yacht	yat/kotra	yat/kotra
year	sene/yıl	seneh/yill
yellow	sarı	sary
yes	evet	evet
yesterday	dün	dün
you	siz	seez
young	genç	gench
your, yours	sizin	seezin
youth hostel	gençlik kampı	genchlik kampy

Z

| zip | fermuar | fermuar |
| zoo | hayvanat bahçesi | hayvanat bakhchesee |

Notes

Notes

Notes

Notes

Notes

Notes